유튜브에서 찾은 경제 이야기

생각하는 어린이 ③
유튜브에서 찾은 경제 이야기

초판 발행	2022년 08월 25일
초판 2쇄	2022년 10월 25일
글쓴이	황다솜
그린이	이진아
펴낸이	이진곤
펴낸곳	씨앤톡
임프린트	리틀씨앤톡
출판등록	제 313-2003-00192호(2003년 5월 22일)
주소	경기도 파주시 문발로 405 제2출판단지 활자마을
전화	02-338-0092
팩스	02-338-0097
홈페이지	www.seentalk.co.kr
E-mail	seentalk@naver.com
ISBN	978-89-6098-841-5 74800
	978-89-6098-827-9 (세트)

ⓒ2022, 황다솜

· 저작권법에 의하여 한국 내에서 보호 받는 저작물이므로 무단전재 및 복제를 금합니다.
· KC마크는 이 제품이 공통안전기준에 적합하였음을 의미합니다.

KC	모델명	유튜브에서 찾은 경제 이야기	제조년월	2022. 10. 25.	제조자명	씨앤톡	제조국명	대한민국
	주소	경기도 파주시 문발로 405 제2출판단지 활자마을	전화번호	02-338-0092	사용연령	7세 이상		

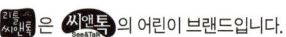은 씨앤톡의 어린이 브랜드입니다.

유튜브에서 찾은 경제 이야기

황다솜 글 | 이진아 그림

리틀 씨앤톡

작가의 말

'구독'과 '좋아요' 버튼에
숨겨진 비밀

유튜브는 대부분의 사람이 스마트폰으로 가장 많이 사용하는 앱이라고 해요. 우리는 장소에 한정되지 않고 언제 어디서나 유튜브로 여러 가지 영상을 볼 수 있어요. 그만큼 유튜브는 무척 간편한 서비스이지요. 게다가 비슷한 영상을 계속 추천해 줘서 시간 가는 줄 모르고 볼 때가 많아요.

그래서일까요? 우리 친구들은 좋아하는 영상을 보면서 '나도 유튜버가 되고 싶다.'고 꿈꾸고는 해요. 유튜버가 되어 돈을 벌고, 사람들과 소통하는 일은 상상만으로도 즐겁고 멋지지요.

하지만 이런 바람들 속에 작은 궁금증도 생겨요. '유튜브 영상을 볼 때마다 돈을 내는 것도 아닌데, 유튜버는 어떻게 돈을 벌까?'라는 물음이에요. 유튜버에게 수익이 생기는 원리가 무엇인지 정확히 알지 못하는 거예요.

유튜브에는 많은 사람이 모이는 만큼 수익을 만들 수 있는 경제 원리가 곳곳에

숨어 있어요. 우리는 이 책을 통해 유튜브가 어떠한 구조로 움직이는지 경제적인 관점으로 살펴볼 예정이에요.

　유튜브는 무한한 정보의 바다예요. 좋은 정보도 많지만, 그렇지 않은 정보도 많지요. 그래서 필요한 정보를 구분할 수 있는 능력도 있어야 해요. 만약 우리가 적당한 시청 시간을 정해 두고, 건전한 영상을 본다는 약속을 지킬 수 있다면 유튜브는 좋은 정보를 제공하는 배움터가 될 수 있어요.

　이 책과 함께하는 어린이 친구들이 유튜브를 현명하게 활용하며 넓은 세상을 체험하고 배우는 기회로 삼길 바랍니다.

황다솜

작가의 말 4

제1장 유튜브로 인해 달라진 세상 9

섬마을 유튜버 하준이 10
영상의 개수가 많아질수록 성장하는 유튜브 16
경제를 찾았다! 20
그래서 지금은? 25

제2장 유튜브 속 '구독'과 '좋아요'에 숨겨진 경제 원리 29

아라네 모닝 식탁을 구독해 주세요 30
'구독'과 '좋아요' 버튼을 누르면 일어나는 일 39
경제를 찾았다! 42
그래서 지금은? 44

제3장 시장을 바꾸는 유튜브의 놀라운 파급력 47

문구 유튜버가 쏘아 올린 작은 공 48
유튜브의 인기 동영상 58
경제를 찾았다! 62
그래서 지금은? 66

제4장 유튜브의 간접 광고와 다양한 마케팅 방법   69

사촌 언니와 함께하는 유튜브 촬영   70
유튜브 방송으로 상품을 소개하는 방법들   78
경제를 찾았다!   85
그래서 지금은?   89

제5장 구독자의 마음을 읽는 유튜브의 맞춤 광고   93

엄마의 생일 선물   94
구독자에 따라 달라지는 맞춤 광고   101
경제를 찾았다!   105
그래서 지금은?   109

제6장 유튜브의 수익과 세금   111

인기 유튜버의 사과   112
수익이 생긴 유튜버는 세금을 내야 해   119
경제를 찾았다!   122
그래서 지금은?   126

제1장 유튜브로 인해 달라진 세상

섬에 대한 잘못된 정보들

선생님이 힘없이 수업을 듣는 하준이에게 말했어요.

"하준아, 집중해. 오늘은 지역의 특산품 부분까지만 할게. 우리 섬 이야기도 나오니 재밌을 거야."

"네……."

남해 섬마을에 위치한 하라 초등학교의 유일한 4학년인 하준이는 선생님과 단둘이 사회 수업을 하고 있었어요.

하준이는 수업 시간이 영 재미없고 지루했어요. 친구 여럿이 함께 수업을 듣고, 쉬는 시간엔 함께 뛰어노는 3학년 동생들을 보면 늘 부러웠지요. 하준이는 항상 혼자였거든요.

한창 수업이 진행되고, 선생님이 말한 섬에 대한 이야기가 나왔어요. 남해 섬의 기후와 특산품이라니 하준이도 관심을 가질 만했지요.

'우리 섬 이야기는 어디 있지?'

하준이는 반가운 마음에 남해 섬과 관련된 부분을 찾아 읽었어요. 그런데 교과서의 내용이 하준이가 알고 있는 이야기와는 달랐어요.

'지역 특산품 유자를 주로 많이 키우는 남해에서는…….'

교과서 속 남해 섬에 대한 설명을 읽은 하준이는 고개를 갸우뚱했어요. 하준이네 마을은 유자보다는 다양한 아열대 작물을 키우는 것을 시도하고 있었거든요. 선생님도 교과서를 읽고는 하준이에게 난감한 표정으로 말했어요.

"요즘 남해 섬의 날씨는 더욱 더워져서 다른 아열대 과일도 키우기 시작했는데, 그 이야기는 없네? 기후 변화가 시작된 지 얼마 되지 않아서 미처 교과서 내용을 고치지 못했나 봐."

"맞아요. 이 설명은 현실과 좀 다른 것 같아요."

교실 밖 세상에서

"우리가 섬을 살펴보고 기록해 보는 건 어떨까? 이 섬에 대해 누구보다 잘 아는 사람은 여기에 사는 우리니까."

"네, 좋아요. 우리 섬이 어떻게 달라지고 있는지 직접 남겨 봐요."

바닷바람이 차갑게 느껴지는 오후, 선생님과 하준이는 학교 근처의 낮은 언덕에 올라갔어요. 언덕에 올라가면 마을의 풍경이 한눈에 들어오거든요.

하준이는 선생님과 함께 언덕을 오르며 마을 곳곳의 모습을 영상으로 찍었어요. 요즘 어떤 꽃이 피고, 어떤 나물이 자라는지 말이에요.

"선생님, 이렇게 마을의 모습을 촬영하니까 재미있어요."

"그렇지? 선생님도 이렇게 직접 보니 신기하고 재미있구나. 우리 이 영상으로 섬의 변화를 사람들에게 알려 주는 건 어떨까? 유튜브에 올려 보는 거야."

"좋아요!"

유튜버 하준이의 섬마을 사계절

하준이는 핸드폰으로 영상을 찍고 편집하는 데 시간이 좀 걸리긴 했지만, 유튜브에 영상을 올리고 나니 뿌듯했어요. 조회 수가 조금씩 늘어나는 것도 재미있었고요.

하준이는 이후로 유튜브에 섬마을의 풍경이 담긴 영상들을 꾸준히 올렸어요. 영상 편집 기술이 서투르긴 했지만, 섬마을에 사는 주민이 아니면 알기 힘든 특별한 장소와 자연의 모습은 구독자들의 시선을 사로잡기 시작했지요.

> 남해 섬에 파파야 나무가 자라다니! 정말 날씨가 무척 더워졌다는 게 실감 나네요.
>
> 머나먼 남해 섬의 풍경을 보니 마음이 편해지고 좋아요.
>
> 하준이와 선생님의 재미있는 하루가 너무 부럽습니다!

하준이의 영상들은 따뜻한 댓글들과 함께 하루가 다르게 조회 수가 늘어났어요. 또 유튜브에서 '남해', '섬마을'을 검색하면, 하준이의 영상들이 검색 페이지 위쪽에 위치해 있기도 했어요.

이뿐만이 아니었어요. 더욱 신기하고 재미있는 일이 이어졌어요. 하준이의 엄마, 아빠가 자주 보는 텔레비전 프로그램에서 하준이와 선생님의 유튜브 채널을 취재해 갔거든요. 엄마, 아빠는 그런 하준이를 자랑스러워했어요. 심지어 하준이는 피디 누나에게 칭찬도 들었지요. 영상 속에 알찬 정보도 많고, 다른 지역 사람들에게 마을을 알리며 활발하게 소통하는 모습이 무척 기특하다고요.

하준이는 구독자들이 실망하지 않도록 유튜브 활동을 게을리하지 않겠다고 다짐했어요. 또 더 많은 구독자 유입을 위해 앞으로 어떤 영상을 찍을지 열심히 고민하고 계획도 세웠어요.

그러던 어느 날, 선생님이 싱글벙글 웃으며 말했어요.

"하준아, 우리 채널의 구독자 수가 벌써 만 명이 되어 가는 것 알고 있지? 너무 기쁘구나."

"우리 마을을 보여 주고 싶었을 뿐인데 너무 신기해요."

"마침 이장님께서 좋은 제안을 해 주셨어. 마을 특산품을 우리 채널에서 소개하면 좋겠다고 하셨어. 물론 촬영 비용도 주신다고 해."

"정말요? 우리 채널의 첫 광고 영상이 되겠네요?"

하준이는 이제 학교생활뿐 아니라 섬마을의 크고 작은 일들이 모두 즐거웠어요. 유튜브는 또 다른 세상을 경험하게 해 주었고, 많은 구독자와 소통하게 되면서 더는 심심하거나 외롭지 않았으니까요.

영상의 개수가 많아질수록 성장하는 유튜브

유튜브, 첫 영상을 올리다

유튜브는 세계 최대 규모의 영상 공유 사이트야. 누구나 영상을 시청하고, 업로드하고, 공유할 수 있지. 하지만 과거에는 이렇게 영상을 편하게 시청하는 것도, 영상을 업로드하는 것도 무척 어려웠어. 2000년대 초반만 해도 영화 한 편 분량의 영상을 다운로드 받는 데 몇 시간씩 기다려야 했거든. 영상 한 편을 보기 위해 몇 시간을 기다려야 한다니 상상하기가 힘들지?

이러한 긴 다운로드 시간에 불편함을 느낀 사람들이 있었어. 미국의 IT 기업 페이팔의 동료 3인방이었지. 이들은 영상 업로드 기술을 연구해 '유튜브'라는 사이트를 만들었어. 그러고는 시험용 첫 영상을 올렸단다.

동물원에서의 나, 'Me at the Zoo'

"여기 보이는 코끼리가 진짜 멋진 건, 정말 코가 길다는 거예요."

'Me at the Zoo'는 유튜브를 만든 자베드 카림(Jawed karim)이 동물원의 코끼리를 설명하는 19초 분량의 짧은 영상이야.

코끼리를 설명하는 이 영상은 지금 보면 별다른 의미가 없어 보이지만, 별도의 다운로드를 받지 않고도 바로 영상을 볼 수 있다는 점에서 큰 의미가 있었어. 언제 어디서나 영상을 시청할 수 있는 시대가 열린 거였지. 사람들은 유튜브의 간편한 서비스를 접하고는 점차 유튜브에 열광하기 시작했어.

'나도 방송국을 만들 수 있다.', Broadcast Yourself

유튜브는 초기 이용자들에게 모두가 작은 방송국의 주인이 될 수 있다는 표어를 내걸었어. 더 이상 텔레비전 프로그램을 기다리지 않고 내가 방송의 주인공이 되어 영상을 올리면 된다고 이야기했지. 곧이어 많은 사람이 직접 영상을 만들어 방송하기 시작했어. 내가 가장 잘하는 일, 하고 싶은 이야기 등 다양한 모습을 영상으로 촬영해서 올렸지. 누구나 영상을 올릴 수 있는 작은 방송국들이 생긴 거야.

오늘날 사람들은 이렇게 방송국이라고 부를 수 있는 많은 채널이 생긴 것이 유튜브의 가장 큰 성공 원인이 됐다고 이야기하고 있어. 만약 사람들이 영상을 올리지 않았다면 유튜브는 그저 처음 영상을 올렸던 그 상태에 머물러 있었겠지. 하지만 다양한 영상이 많아지고, 서로의 영상에 반응하면서 유튜브는 빠르게 성장했어.

매일 같은 내용의 영상만 있는 동영상 사이트보다 전 세계 속 가지각색의 재미있는 이야기가 매일매일 쌓이는 사이트가 훨씬 더 재밌지 않겠어?

사람들이 많이 모이는 유튜브에 자신의 상품을 광고하고 싶다는 회사들도 나타났어. 마치 텔레비전 광고처럼 말이야.

스마트폰과 함께 성장한 유튜브

　유튜브 사용자 수가 빠르게 늘어날 수 있었던 또 하나의 이유는 스마트폰 시장이 커졌기 때문이었어. 2000년대 초반은 정해진 공간에 있는 컴퓨터를 사용해야만 인터넷을 할 수 있었던 시대에서 어디에서나 스마트폰으로 인터넷을 할 수 있게 바뀐 시기란다. 여러 명이 함께 사용하는 컴퓨터가 아닌 1인용 스마트폰으로 촬영한 영상을 곧바로 업로드할 수 있게 된 거야. 그러니까 더욱 많은 사람이 유튜브를 사용할 수 있는 환경이 마련된 거지. 이렇게 하나의 서비스가 성공하는 배경에는 다양한 산업과 서비스에 관련된 시장이 상호 작용을 하며 성장하는 경우가 많아.

사고파는 거래가
이루어지는 곳, 시장

시장의 시작과 의미

시장은 필요한 물건을 사고파는 곳을 의미해. 또 구체적인 장소를 뜻할 뿐만 아니라, 거래가 이루어지는 활동 그 자체를 의미하기도 하지.

아주 먼 옛날 원시 시대 사람들은 필요한 물건을 직접 만들어서 쓰거나, 사냥과 채집을 통해 식량을 얻었어. 하지만 농사를 짓기 시작하면서 남는 식량이 생겼어. 그리고 남은 식량을 다른 식량이나 물건으로 교환하게 된 거야. 이러한 물물 교환이 지금 시장의 모습으로 발전하게 된 거지. 사람들이 물물 교환을 하기 위해 더욱 품질에 신경 쓰고, 약속 장소를 정하기 시작하면서 시장다운 시장의 모습으로 발전했단다.

우리 삶 곳곳에서 볼 수 있는 다양한 시장

그렇다면 어떤 곳들을 시장이라고 할 수 있을까? 단순하게 생각하면, 집 근처의 재래시장이나 마트, 편의점 등 물건을 살 수 있는 모든 곳을 시장이라고 할 수 있어. 농산물 시장, 꽃 시장과 같이 거래하는 상품에 따라 시장을 분류하기도 하지.

또 특정한 장소가 없더라도 다양한 기준에 따라 거래가 이루어지는 것도 시장이라고 부른단다. 가령 주식이나 콘텐츠 따위를 거래하는 것처럼 말이야.

➕ 지식플러스

기업들의 경쟁 구조에 따라 달라지는 시장의 형태

상품을 판매하는 기업들의 경쟁은 대부분 치열하지만, 가끔 오직 한 기업에서 만든 상품과 서비스만 거래되는 '독점 시장'이 나타나기도 해요. 철로, 전기와 같이 상품 제작에 막대한 비용이 들어서 개인이 제작하고 판매하기 어려운 경우도 있지요. 이때는 정부가 직접 나서서 비용을 대거나 직접 관리하기도 해요. 몇 안 되는 소수의 기업이 시장을 형성해서 상품을 판매하는 '과점 시장'도 있어요. 대표적으로 전자 제품, 자동차 시장이 이러한 경우지요. 시장에 특정 상품을 판매하는 기업의 수가 적기 때문에 판매하는 기업들끼리 상품의 가격을 비슷하게 맞추는 '담합'처럼 은밀한 거래를 하기도 하고, 일부러 판매 수량을 적게 조절할 때도 있다고 해요. 이렇게 독점과 과점의 형태로 이루어진 시장을 '독과점 시장'이라고 부른답니다.

시장의 기능

우리는 필요한 것들을 사고파는 시장 덕분에 편리한 삶을 살고 있어. 시장이 없다면 일상에서 필요한 물건들을 매번 어디서 구해야 할지 몰라서 무척 힘들 거야. 시장 덕분에 거래하는 상대방을 찾는 데 드는 비용과 시간이 절약된다고 볼 수도 있지. 그뿐만 아니라, 전문가가 만든 좋은 상품들은 우리의 일상을 더욱 쾌적하고 윤택하게 만든단다.

+ 지식플러스

기업에게는 유리하고, 소비자에게는 불리한 독과점 시장

상품을 원하는 소비자는 많은데, 판매하는 기업이 소수거나 하나밖에 없는 독과점 시장에서는 누구의 목소리가 더 클까요? 이럴 경우 상품을 사려는 소비자들에게는 선택지가 적기 때문에 기업은 가격을 더욱 비싸게 정하기도 하고, 기업에 유리한 판매 방식을 만들기도 해요. 가격이 오르거나, 상품의 질이 떨어지더라도 소비자는 상품을 구매할 수밖에 없다는 잘못된 생각을 하는 거지요. 이럴 때 기업들은 소비자의 눈치를 보는 게 아니라, 몇 안 되는 경쟁 기업의 눈치를 보기도 해요. 경쟁 기업의 상품과 비교하여 가격과 품질의 차이가 심해지면, 판매가 확 줄어들 수도 있기 때문이지요. 또 소비자 몰래 상품의 가격을 함께 올리거나, 상품 서비스의 질을 조절하는 '담합'이라는 행동을 하기도 해요. 경쟁사들끼리 최대한 비슷하게 시장 환경을 만드는 이기적인 행동을 하는 거예요.

창작물도 하나의 상품

권리를 사고파는 저작권 시장

유튜브를 보려다가 영상에 포함된 음원의 저작권 문제로 재생할 수 없다는 문구를 본 적이 있을 거야. 음악을 만든 사람도 권리가 있고, 이 권리도 거래가 가능하기 때문에 함부로 사용할 수 없다는 이야기지.

음원이나 그림, 글과 같은 창작물에는 이를 만든 사람이 법적으로 보호받을 수 있는 저작권이라는 권리가 있어.

우리가 앞에서 배운 것처럼 시장은 거래를 통해 만들어져. 저작권 또한 사용료를 주고받는 시장이 존재한단다.

예를 들어 우리나라 음악의 경우, 창작자는 자신의 음악을 한국 음악 저작권 협회에 등록할 수 있어. 사용을 원하는 사람은 한국 음악 저작권 협회를 통해서 저작권 이용료를 내고 음악을 사용할 수 있지.

이처럼 저작권 거래가 발생한다는 것은 우리가 개인적으로 올리는 SNS 글에도 출처를 밝혀야 하는 이유이기도 해. 누군가에게는 소중한 개인 자산이기 때문에 불법으로 다운로드하거나 상업적으로 이용하면 안 돼. 또 상업적으로 이용하지 않더라도 저작권이 표기된 창작물은 출처를 밝히거나 거래 과정을 거쳐야 한다는 점을 잊지 말도록 하자.

리틀씨앤톡

생각하는 어린이 시리즈
교과 연계

한 학기 한 권 읽기 | 수업 자료 내려받기
www.seentalk.co.kr

유튜브에서 찾은 경제 이야기

황다솜 글 | 이진아 그림

경기도 파주시 문발로 405 제2출판단지 활자마을
T 02-338-0092 | F 02-338-0097 | M seentalk@naver.com | H seentalk.co.kr

생각을 키우는 리틀씨앤톡
www.seentalk.co.kr

『유튜브에서 찾은 경제 이야기』 교과 연계

	과목	학년	단원
1장 유튜브로 인해 달라진 세상	사회	3–1	3. 교통과 통신 수단의 변화 2) 통신 수단의 발달과 생활 모습의 변화
		4–2	2. 필요한 것의 생산과 교환 1) 경제 활동과 현명한 선택
		6–1	3. 우리나라의 경제 발전 1) 우리나라 경제 체제의 특징
2장 유튜브 속 '구독'과 '좋아요'에 숨겨진 경제 원리	사회	4–2	2. 필요한 것의 생산과 교환 1) 경제 활동과 현명한 선택
		6–1	3. 우리나라의 경제 발전 1) 우리나라 경제 체제의 특징
3장 시장을 바꾸는 유튜브의 놀라운 파급력	사회	4–2	2. 필요한 것의 생산과 교환 1) 경제 활동과 현명한 선택
4장 유튜브의 간접 광고와 다양한 마케팅 방법	사회	4–2	2. 필요한 것의 생산과 교환 1) 경제 활동과 현명한 선택
		6–1	3. 우리나라의 경제 발전 1) 우리나라 경제 체제의 특징
5장 구독자의 마음을 읽는 유튜브의 맞춤 광고	사회	4–2	2. 필요한 것의 생산과 교환 1) 경제 활동과 현명한 선택
		5–1	2. 인권 존중과 정의로운 사회 3) 헌법과 인권 보장
6장 유튜브의 수익과 세금	사회	6–1	3. 우리나라의 경제 발전 1) 우리나라 경제 체제의 특징

동물에서 찾은 환경 이야기

김보경, 지다나 글 | 이진아 그림 | 값 14,000원

동물과 더불어 사는 환경을 만드는 한 걸음

우리의 일상 속 작은 습관 하나로 동물들이 목숨을 잃기도 한대요.
동물들이 사라지면 인간도 지구에서 살아갈 수가 없어요.
인간과 동물이 다 같이 잘살 수 있는 방법은 무엇인지 함께 생각해 봅시다.

키워드 환경, 동물, 플라스틱, 오염, 쓰레기, 생명 존중

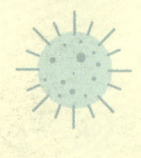

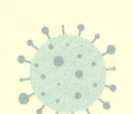
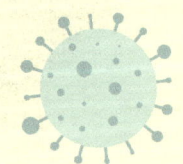

전염병에서 찾은 민주주의 이야기

고수진, 지다나 글 | 조예희 그림 | 값 14,000원

세계를 뒤흔든 전염병과 민주주의의 역사 속으로!

전염병은 인류에게 무엇을 남겼을까요?
수많은 생명을 앗아 갔던 전염병의 역사를 되돌아보고
당시의 사회 문제를 통해 민주주의의 가치를 생각해 봅시다.

 전염병, 인권, 민주주의, 역사, 사회, 차별

➕ 지식플러스

치열한 경쟁, 영상 구독 서비스 OTT 시장

날이 갈수록 유튜브처럼 다양한 영상을 시청할 수 있는 영상 구독 서비스가 많이 등장하고 있어요. 이러한 시장을 우리는 'OTT 시장'이라고 하지요. 'OTT'는 'Over the Top'의 약자로 이전에 텔레비전을 볼 때 설치했던 셋톱 박스를 넘어선다는 뜻이에요. 특별한 장치를 설치하지 않아도 다양한 프로그램을 볼 수 있는 서비스이지요. 이런 시장의 변화로 인해 세계 각국의 개성 있는 콘텐츠를 볼 수 있는 영상 구독 서비스가 앞으로도 계속 생겨날 전망이에요. 유튜브를 비롯하여 넷플릭스, 디즈니+, 애플tv+까지, 각각 볼 수 있는 영상과 비용이 조금씩 다르기 때문에 사람들은 본인에게 잘 맞는 서비스를 꼼꼼하게 비교해 보고 선택하고 있답니다.

교과서 속 경제 키워드

경제 활동이 있는 곳에는 어디든 다양한 시장이 있어요.

 # 상품 시장에서 거래되는 재화와 서비스를 뜻해요.

 # 판매자와 소비자 상품을 팔고자 하는 사람을 판매자(공급자), 사고자 하는 사람을 소비자(수요자)라고 해요.

 # 거래 판매자와 소비자 사이에 일정한 조건으로 돈이나 물건 등을 주고받는 것을 뜻해요.

 # 시장 상품을 거래하는 곳을 뜻해요. 시장은 구체적인 장소만을 뜻하는 게 아니라, 거래 활동 자체를 말하기도 하지요.

 # 담합 기업들이나 이익을 내는 단체들이 서로 의논하여 가격을 정하는 것을 말해요.

 # 독과점 시장에서 어떤 상품의 기업이 큰 경쟁 없이 독점하거나 과점하는 형태를 말해요.

제2장

유튜브 속 '구독'과 '좋아요'에 숨겨진 경제 원리

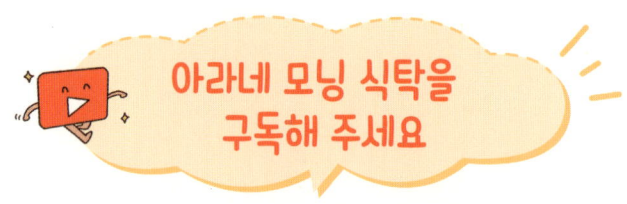

아라네 모닝 식탁을 구독해 주세요

새 컴퓨터를 사고 싶어요

"엄마, 빨리요. 저 이제 컴퓨터 해야 해요. 세 시에 하진이랑 게임하기로 했단 말이에요."

"아이고, 벌써 시간이 이렇게 됐네. 아라야, 잠깐만. 이 부분만 편집하면 끝나."

아라의 엄마는 최근 '아라네 모닝 식탁'이라는 유튜브 채널을 열었어요. 아침 식사를 위한 식재료 준비부터 조리 과정까지, 아침을 준비하는 모습을 담은 영상을 유튜브에 업로드하고 있었지요. 아라 엄마는 워낙 솜씨가 좋아서 요리를 하는 건 어렵지 않았지만, 영상을 편집하는 데는 시간이 너무 오래 걸렸어요.

"엄마, 약속 시간 늦었다니까요? 너무해요. 정말."

아라는 입을 삐죽거리면서 불만을 터뜨렸어요.

"빨리하고 싶은데 편집이 너무 어려워서 시간이 오래 걸리는 거야. 엄마도 답답해."

"그럼 컴퓨터 한 대 더 사 주세요. 엄마가 온종일 컴퓨터를 쓰니까, 제가 게임도 못 하고, 숙제할 시간도 부족하고……."

"그래. 아라네 모닝 식탁 채널이 인기가 많아지면 수익이 생겨. 그럼 그 수익으로 한 대 더 장만하자."

웬일인지 엄마의 허락이 떨어졌어요. 매번 이야기해도 안 된다고만 했었는데 말이지요. 물론 컴퓨터를 사기 위해서는 유튜브 채널에 수익이 생겨야 한다지만, 아라의 마음은 벌써 쿵쾅거렸어요.

"와, 정말이죠? 진짜 한 대 더 사 주신다고 하신 거죠?"

"그래. 그런데 엄마 채널이 더 이상 '구독'과 '좋아요' 수치가 늘지를 않아서 걱정이야."

"수익이 생기려면 '구독'과 '좋아요'가 많아야 하는 거예요?"

"그렇지. 그 수치가 높아야 수익이 생기거든."

아라는 '구독'과 '좋아요'만 늘어나면 새 컴퓨터가 생길 수도 있다는 말에 속으로 환호성을 질렀어요.

"그럼 제가 도와드릴게요. 아침 메뉴도 정하고요."

"투덜거리던 아라는 어디로 갔을까?"

엄마는 새 컴퓨터 이야기에 갑자기 엄마를 돕겠다는 아라가 귀여운지 싱긋 웃었어요.

"엄마 저 내일 소풍 가잖아요. 예전에 해 주셨던 동물 모양 김밥 만들어 주세요. 친구들한테 자랑도 하고 엄마 채널도 구독하라고 이야기할게요."

아라의 이야기에 엄마가 고개를 끄덕였어요.

"아라 말이 맞아. 요즘 날씨가 좋아서 소풍 가려는 사람이 많을 거야."

엄마 일도 돕고, 컴퓨터도 살 수 있는 기회라니, 아라는 신이 나서 환하게 웃었어요. 엄마도 흐뭇하게 웃었지요.

'구독'과 '좋아요'를 부탁해

다음 날 아침, 아라는 엄마가 만들어 준 도시락을 들고 소풍 장소인 놀이공원에 도착했어요. 신나게 놀이 기구를 타고 어느덧 도시락을 먹을 시간이 되었지요. 친구들과 옹기종기 모여 앉은 아라는 설레는 마음으로 도시락을 열었어요.

"얘들아, 이것 봐. 내가 제일 좋아하는 소시지 김밥이야. 우리 엄마가 나를 위해 개발한 특별 도시락이라고."

아라의 말에 친구들이 모여들었어요. 친구들은 귀여운 동물 모양의 도시락을 보고 부러워했지요.

그때 수찬이가 부러움이 가득한 눈으로 이야기했어요.

"와, 이런 김밥은 처음 봐! 부럽다. 나도 엄마한테 똑같이 만들어 달라고 하고 싶어."

"우리 엄마 유튜브에 만드는 방법이 올라와 있어. 얼른 '좋아요', '구독' 눌러 줘. 채널 인기가 많아지면 엄마한테 수익도 생기고, 그러면 새 컴퓨터도 사 주신대."

"와 컴퓨터라고? 대박이다."

다른 친구들은 아라를 부러워했지만, 수찬이는 괜스레 질투가 나는지

차가운 말을 툭 내뱉었어요.

"네가 컴퓨터 사는 게 나랑 무슨 상관인데? 그리고 나는 요리에 관심도 없는데?"

수찬이의 말에 당황한 아라는 친구들이 유튜브 채널을 아무도 구독해 주지 않을 것 같았는지 엉뚱한 말을 내뱉었어요.

"그럼 구독하고 '좋아요' 눌러 주면 우리 아빠 레스토랑에서 돈가스 살게."

아라는 아빠에게 허락받진 않았지만, 엄마 유튜브 채널에 수익이 생기면 분명 아빠도 좋아할 거라고 생각했지요.

돈가스라는 말에 눈이 커다래진 수찬이가 큰 소리로 말했어요.

"진짜지? 얘들아! 아라네 엄마 유튜브 구독하고 '좋아요' 누르면 아라가 돈가스 사 준대!"

"돈가스라고?"

수군거리던 친구들이 아라 주변으로 몰려와 너도나도 아라 엄마의 채널을 구독했어요. 반 친구들 서른 명이 순식간에 채널을 구독하고, 영상에 '좋아요'를 눌렀어요.

'와! 이렇게만 되면, 수익이 나는 건 시간문제겠는데? 옆 반 친구들한테도 부탁해 봐야겠다.'

돈으로 살 수 없는 구독자들의 반응

'시간이 얼마나 흘렀지?'

정신없이 걸어 다니던 아라는 문득 핸드폰을 보고 깜짝 놀랐어요. 선생님에게 전화가 몇십 통이나 걸려 왔었고, 점심시간이 끝난 지 벌써 두 시간이나 훌쩍 지나 있었거든요.

'어떡하지? 여긴 어디지? 만나는 사람마다 엄마 채널을 이야기하면서 걸었더니 여기가 어디인지 모르겠어.'

아라는 반 친구들을 찾기 위해 두리번거렸지만 아무도 보이지 않았어요. 그러고는 선생님에게 겁먹은 목소리로 전화를 걸었어요.

"선생님, 여기 토끼 모양 동상이 있는 곳인데, 어디로 가면 될까요? 죄송해요. 시간이 이렇게 된 줄 몰랐어요."

"아라야, 괜찮니? 얼마나 걱정했는지 몰라. 일단 거기에 있어, 선생님이 그쪽으로 갈게."

선생님의 목소리에 그제야 안심된 아라는 동상 앞에 앉아 선생님을 기다렸어요. 그리고 잠시 후 먼발치에서 선생님과 엄마가 달려오는 모습이 보였어요.

'엄마가 여기까지 왜 오셨지? 선생님이 전화하셨나?'

엄마는 무척 놀란 얼굴이었어요.

선생님이 한걸음에 달려와 아라에게 말했어요.

"아라야, 괜찮아? 어디 갔었니? 너무 연락이 안 돼서 일단 부모님께도 연락을 드렸어."

뒤따라온 엄마가 화난 목소리로 말했어요.

"이게 무슨 일이야? 연락받고 얼마나 걱정한 줄 알아?"

"엄마……. 사람들한테 유튜브 채널 홍보하면서 돌아다녔는데, 벌써 시간이 이렇게 된 줄 몰랐어요."

"뭐라고? 내 채널을 알리고 다니느라 그랬다고?"

"네. 그래야 컴퓨터를 살 수 있으니까요……. 벌써 60명이나 구독해 줬단 말이에요."

아라가 주눅 든 목소리로 엄마에게 이야기했어요. 그때 뒤에 있던 수찬이가 얄밉게 소리쳤지요.

"야, 조아라! 돈가스 사기로 한 건 잊지 않았겠지? 아주머니! 아라가 유튜브 구독하면 돈가스 산다고 했어요."

이제야 모든 상황을 이해한 아라 엄마는 이마에 손을 짚으며 아라를 바라봤어요.

"아라야, 구독자 수를 늘리는 건 다른 사람들에게 부탁한다고 되는 게 아니야. 좋은 영상을 올리면 영상을 재미있게 본 사람들이 자연스럽게 관심을 갖고 구독해 주는 거란다."

아라는 너무 창피해서 쥐구멍에라도 숨고 싶었어요.

'구독'과 '좋아요' 버튼을 누르면 일어나는 일

수익을 가늠할 수 있는 '구독'과 '좋아요'

"영상 시청 즐거우셨나요? 그렇다면 '구독'과 '좋아요' 부탁드려요."

유튜브 영상에서 유튜버들이 자주 하는 말이야. 유튜버들은 왜 '구독'과 '좋아요'를 해 달라고 하는 걸까? 물론 좋은 후기는 유튜버에게 뿌듯함을 느끼게 하지. 하지만 이뿐만 아니라 이 수치가 유튜버들의 수익을 결정하기 때문에 더욱 중요하단다.

단순히 인기가 많다고 돈을 많이 버는 게 아니라, 이 영상의 수치를 통해 수익이 결정되거든. 아라의 엄마가 계속해서 더 좋은 콘텐츠를 만들려고 했던 이유도 같아.

수치가 곧 유튜버들의 수익이 된다고 하니 조금 어렵게 느껴질 수도 있겠다. 유튜브를 볼 때 하단에 표시되는 조회 수, '좋아요', 또 구독 수가 많을수록 유튜브는 이 영상을 많은 사람이 보고 있다고 판단해. 영상을 보는 사람이 많다는 뜻은 이 영상의 광고도 많은 사람이 본다는 뜻이지. 기업에 광고 비용을 받은 유튜브는 유튜버의 '구독'과 '좋아요' 수치가 높을수록 높은 점수를 매겨 수익을 책정한단다.

유튜브의 비밀, 수익 배분

그렇다면 얼마나 인기가 있어야 수익이 생기는지 궁금하지? 유튜브 정책에 따르면 구독자의 수가 천 명 이상, 12개월 동안 4천 시간 이상의 재생 시간을 충족하면 수익을 창출할 수 있는 채널로 인증된다고 해. 하지만 정확한 수익 배분은 영상의 조회 수, 영상 재생 시간 등 다양한 요인이 복합적으로 더해져서 결정된다고 해. 또 많은 사람이 영상을 끝까지 보는 양질의 콘텐츠에 좋은 점수를 준다고 알려져 있지.

거래를 통해 결정되는 가격

거래하는 모든 것, 가격이 되다

세상에 사고팔 수 있는 모든 것들, 거래가 가능한 것의 가치를 돈으로 나타낸 것을 '가격'이라고 해. 집 앞 편의점에서 구매하는 음료수, 재미있는 만화책 한 권 등 모든 상품에는 '가격'이 매겨져 있어.

하지만 가격은 물건에만 매길 수 있는 건 아니야. 사람들이 열심히 일을 하고 받는 '임금'은 노동의 가격이 되지. 유튜브에서 영상을 통해 발생하는 수익이 영상의 가격이 되는 것도 마찬가지란다.

오르고 내리고, 변하는 가격

물건을 사고팔 때, 팔려는 사람은 되도록 비싸게 팔고 싶어 하고, 사려는 사람은 싸게 사고 싶어 하지. 가격은 이러한 시장 원리와 다양한 이유가 더해져 오르기도 하고 내려가기도 해. 예를 들어 유튜버들의 수익 변화를 생각해 보자. 조회 수와 '좋아요'가 높은 영상은 중간에 삽입된 광고를 보는 사람이 많았겠지? 이 경우에 유튜브에서는 광고 효과가 좋다고 판단해. 따라서 이런 영상에는 높은 가격을 책정해 주고 있지. 반면 조회 수가 낮은 영상에는 광고를 보는 사람의 수도 적기 때문에 낮은 가격을 책정한단다.

시장의 원리에 따라 자연스럽게 결정되는 가격

가격을 결정하는 애덤 스미스의 '보이지 않는 손'

과거에는 물건을 사고팔 때 정부가 가격이나 판매 방식을 간섭하기도 했어. 하지만 경제학자 애덤 스미스(Adam Smith)는 누군가의 간섭 없이도, '보이지 않는 손'에 따라 가격이 자연스럽게 결정되고 시장이 발전한다고 말했어.

'보이지 않는 손'은 조금이라도 저렴하게 물건을 사고 싶은 소비자의 마음과 더 비싸게 팔고 싶은 판매자의 마음이 균형을 찾아가는 과정을 뜻해. 소비자와 판매자의 이해관계에 따라 시장이 조화롭게 균형을 이루며 발전한다는 뜻이지.

'보이지 않는 손'은 1970년대의 이론이지만, 오늘날 우리가 이용하는 중고 거래 앱에서도 이와 같은 현상을 발견할 수 있어. 한 물건의 판매자가 원하는 가격을 올려 두면, 소비자는 조금이라도 저렴하게 물건을 올려 둔 판매자를 선택해. 이처럼 판매자와 소비자 모두가 만족할 만한 가격이 결정되어야 거래가 되는 거란다.

+ **지식플러스**

배우들의 출연료는 왜 모두 다를까?

다른 물건이나 다른 사람으로 대체할 수 없는 서비스의 가격이 끝없이 올라가는 경우도 있어요. 예를 들어 인기 배우가 높은 출연료를 받았다는 뉴스 기사를 본 적이 있을 거예요. 배우의 특별한 외모나 개성 있는 연기는 그 사람만이 가진 재능이기 때문에 다른 배우로 대체하기 힘들지요. 그렇기 때문에 인기 배우가 필요한 드라마 제작사에서는 배우가 희망하는 가격을 최대한 맞춰 주려고 해요. 개성 있는 인기 배우가 높은 출연료를 받거나, 같은 프로그램에 출연하더라도 연기자마다 출연료가 다른 이유랍니다.

교과서 속 경제 키워드

물건을 사고자 하는 '수요'와 물건을 팔고자 하는 '공급' 사이에서 결정되는 물건의 가치를 '가격'이라고 해요. 주변에서 물건을 사고파는 경우를 생각해 보세요.

수요 물건이나 서비스를 사려고 하는 것을 말해요.

공급 수요의 반대말이에요. 물건이나 서비스를 판매하기 위해 제공하는 것을 말해요.

가격 시장은 수요와 공급이 만나는 곳이에요. 가격은 팔려는 사람과 사려는 사람이 둘 다 동의하는 선에서 결정돼요.

제3장

시장을 바꾸는 유튜브의 놀라운 파급력

문구 유튜버가 쏘아 올린 작은 공

지아의 마음을 뒤흔든 스티커 프린터

'띠링, 띠링, 띠리링.'

지아의 핸드폰이 연달아 울렸어요. 세수를 하던 지아는 얼굴에 물기도 제대로 닦지 않고, 뛰어나와 핸드폰 메시지를 확인했어요.

하영: 얘들아, 하니 언니 새 영상 봤어?

수아: 봤어!
내가 찍은 사진이나 그림을 스티커로 만들 수 있대!
공책이나 핸드폰에 붙이면 너무 귀여울 거 같아.

주희: 이 근처 마트에서도 판다는데, 지금 가서 살까?

지아와 친구들이 즐겨 보는 문구 유튜버 '하니 언니'는 요즘 모르는 친구가 없는 인기 유튜버예요. 항상 신기한 문구용품이나 장난감을 소개하는데, 영상이 올라오기만 하면 친구들과의 대화방에서 화제가 되었지요. 오늘도 영상을 본 친구들이 하니 언니가 소개한 스티커 프린터를 사고 싶어서 한바탕 난리가 난 모양이었어요.

지아는 얼굴에 남아 있는 물기를 닦으며, 하니 언니의 유튜브 채널에 접속했어요.

"여러분 안녕! 여러분의 궁금증을 해결해 주는 하니 언니예요. 새 학기를 앞둔 오늘은 다이어리 꾸미기의 결정판, 스티커 프린터를 소개해 보려고 해요. 여러분이 직접 그린 그림을 스티커로 만들 수도 있고, 이름표를 출력해서 교과서나 공책에 붙일 수도 있어요!"

하니 언니의 스티커 프린터 소개 영상은 너무 재미있었어요. 지아의 머릿속은 하니 언니처럼 스티커 프린터로 재밌게 노는 상상으로 가득했어요.

'스티커 프린터가 있으면 너무 좋을 것 같아! 잘 쓸 수 있을 것 같은데 얼마인지 한번 찾아볼까?'

지아는 영상이 채 끝나기도 전에 인터넷 창을 열어, 하니 언니의 스티커 프린터를 검색했어요.

'3만 원? 얼마 전 세뱃돈으로 받은 용돈까지 합치면, 지금 딱 4만 원이 있는데.'

지아는 가지고 있는 용돈으로 스티커 프린터를 살 수 있다는 걸 알게 되자, 가슴이 콩닥거리기 시작했어요. 그러고는 스티커 프린터를 구매하고 싶다던 친구 주희에게 전화를 걸어 마트에서 만나기로 약속했어요.

스티커 프린터를 살 거야

엄마에게 친구 집에 놀러 간다고 이야기하고 나온 지아는 길 건너 대형 마트에 도착했어요.

'엄마한테 스티커 프린터 산다고 하면, 또 잔소리하시겠지? 가격도 비싸다고 할 테고. 일단 산 다음에 고민해야겠다.'

마트에 먼저 도착한 지아는 익숙한 위치의 문구용품 코너로 향했어요. 문구용품 코너에는 오늘따라 유독 많은 사람이 모여 있었어요.

얼마나 시간이 지났을까요? 안내 방송이 흘러나왔어요.

"하니의 스티커 프린터를 구매하려는 분들께 안내해 드립니다. 하니의 스티커 프린터는 재고 부족으로 판매가 종료되었습니다."

'판매가 끝났다고? 사람들이 벌써 다 사 간 건가?'

그때, 주희가 지아의 등을 톡톡 두드리며 말을 걸었어요.

"지아야, 너도 방송 들었지? 어떡할래?"

"주희구나. 어떡하지? 나 꼭 사고 싶은데……."

"그럼 우리 중고 시장도 확인해 볼까?"

주희가 핸드폰으로 중고 시장 앱을 열어 보았어요. 스티커 프린터를 검색해 보자, 스티커 프린터 판매 글이 여러 개가 올라와 있었어요.

가격은 대부분 4만 원이었지요.

　핸드폰 화면을 쳐다보던 지아가 말했어요.

"마트에서 파는 것보다 만 원 비싸네. 그래도 난 이거라도 사야겠어."

"이건 4만 원인데 괜찮겠어?"

"응, 괜찮아."

"난 돈이 부족해서 못 살 거 같아. 너무 아쉬워."

"나는 다행히 세뱃돈으로 받은 돈이 남아 있어서 사려고. 엄마가 이걸로 두 달 용돈 하라고 하셨는데, 어떻게든 되겠지 뭐……."

"두 달 용돈으로 스티커 프린터를 산다고? 또 돈 쓸 데 없어?"

"응. 이 용돈으로 버스 카드 충전도 해야 하긴 하는데, 너무 갖고 싶어. 부족한 용돈은 나중에 생각할래."

이젠 젤리 메이커가 유행이라고?

지아는 근처에서 4만 원을 주고, 스티커 프린터를 사서 집으로 돌아왔어요. 그러고는 스티커 프린터를 책상 아래 숨겼어요. 두 달 치 용돈을 다 써버린 걸 들키면 엄마에게 혼날 게 뻔하거든요.

그렇게 아무도 모르게 며칠간 스티커 프린터를 가지고 놀던 지아는 개학 날 이른 아침, 가방에 스티커 프린터를 넣고 신발을 신었어요.

"엄마, 오늘 개학이니까 빨리 나가 보려고요. 다녀오겠습니다."

"아침도 안 먹고 벌써 나가니?"

엄마는 갸우뚱했어요. 아침밥이라면 꼭 챙겨 먹는 지아가 이렇게 일찍 학교에 가다니 이상했지요.

"버스 타고 내릴 때 카드 찍는 거 잊지 말고, 조심히 다녀와."

"네……."

지아는 자신 없는 목소리로 대답하고는 서둘러 학교로 향했어요. 집에서 학교까지는 버스로 세 정거장, 걸어서는 30분 정도가 걸렸어요. 평소에는 용돈으로 버스 카드를 충전해서 버스를 타고 다녔지만, 용돈을 다 써 버린 지아는 이제 그럴 수 없었지요.

잠시 후 학교에 도착한 지아는 친구들이 모여 있는 곳으로 향했어요.

'분명 스티커 프린터 이야기하고 있겠지? 힘들게 가지고 왔으니까 자랑해야지.'

지아는 집에서는 마음 놓고 쓰지 못했던 스티커 프린터를 친구들에게 자랑할 생각에 들떠 있었어요.

"스티커 프린터 이야기하고 있었어?"

지아가 묻자 의자에 앉아 있던 주희가 대답했어요.

"지아 왔네. 아니 우리 젤리 메이커 이야기 중이야. 어제저녁에 하니 언니가 새 영상 올린 거 봤지?"

"젤리 메이커? 스티커 프린터가 아니라?"

"응. 이건 젤리를 직접 만들어 먹을 수 있는 거래. 가격도 별로 안 비싸. 난 지난번에 안 쓴 용돈으로 이걸 사 보려고."

아이들은 하니 언니의 새 영상을 보고, 젤리 메이커 이야기를 하느라

바빠 보였어요.

'스티커 프린터는 어떻게 되는 거지?'

지아는 가방 속 스티커 프린터를 자랑하지 못한 아쉬움 때문에 온종일 싱숭생숭했어요.

집에 도착한 지아는 스티커 프린터를 만지작거리며 학교에서 제대로 보지 못한 하니 언니의 새 영상을 재생했어요. 젤리를 만들어 먹는 하니 언니의 모습은 역시 재미있어 보였어요.

'아, 사고 싶다. 세상에는 왜 이렇게 재밌는 게 많은 거야?'

지아는 푸념하며, 인터넷으로 젤리 메이커를 검색했어요. 2만 원이라는 가격을 보자, 더욱 아쉬웠지요.

'조금 더 고민해 보다가 젤리 메이커를 샀어도 좋았을 거 같아.'

그때 외출했던 엄마가 집으로 돌아와 지아의 방문을 벌컥 열었어요. 지아는 급하게 스티커 프린터를 숨기려고 했지만, 그만 떨어뜨리고 말았지요.

"한지아, 또 뭘 산 거니? 그리고 오늘 아침 학교에 걸어간 거야? 옆집 수아 엄마가 네가 걸어가는 걸 봤다고 하던데."

"아, 엄마 그게요……."

지아는 말끝을 흐리며, 스티커 프린터를 만지작거렸어요.

"설마 이거 산다고 버스 카드 충전 못 한 건 아니지?"

"너무 사고 싶어서 어쩔 수 없었어요."

"매달 용돈으로 사고 싶은 걸 사는 건 네 자유야. 하지만 주어진 용돈 안에서 계획을 잘 세워서 써야지."

"네……."

"지아야. 이번 일은 네가 용돈을 계획적으로 아껴 쓰지 않아서 생긴 일이니까 추가 용돈은 없어."

엄마는 용돈을 다 써 버린 지아에게 실망했는지, 차갑게 돌아서 방을 나갔어요.

지아는 스티커 프린터를 산 걸 후회했고, 엄마에게 혼까지 나서 더욱 속상했어요.

유튜브의 인기 동영상

유행의 시작이 유튜브라고?

마트나 백화점에서 상품을 구경하다가 '최신 유행'이라는 말을 들어 본 적 있지? 유행이라는 말은 일상에서 쉽게 접할 수 있는 용어야. 어떤 기간 동안 한 물건이나 스타일 등이 많은 사람의 관심을 받고, 널리 퍼지는 현상을 의미하지.

그렇다면 유행은 어디에서 시작하는 걸까? 유행은 예전에는 주로 큰 시장이나 광장, 많은 사람이 모이는 곳에서 시작되었어. 하지만 이제는 온라인 세계로 장소를 옮겨 갔지.

전 세계 사용자 약 20억 명, 국내 사용자 약 4300만 명, 우리나라 인구의 약 80퍼센트가 사용하는 유튜브는 오늘날 사람들이 가장 많이 사용하는 대표적

인 동영상 플랫폼이야. 그래서 유튜브 속 동영상들을 보면 사람들의 관심사와 유행도 금방 알 수 있단다. 뿐만 아니라 구독자가 많은 유튜버의 어떤 영상은 유행을 만들어 내기도 하지. 많은 사람의 이야기가 모이는 유튜브는 유행을 만들기도 하고, 퍼뜨리기도 하는 창구 역할을 해.

유튜브의 연쇄적인 파급력과 인기 동영상

　유튜브에 올라온 영상은 전 세계 사용자들에 의해 재생되고 있어. 유튜브는 전 세계에서 가장 인기 있는 동영상 플랫폼인 만큼 하나의 영상이 끝없이 퍼져 나가 유명해진 경우가 많단다. 가수 싸이의 뮤직비디오가 조회 수 10억을 돌파하며 유명해진 경우가 대표적이지.

　유튜브는 연쇄적인 파급력을 갖고 있어. 어떤 동영상의 조회 수가 높아지면, 유튜브는 이 영상을 인기 콘텐츠로 선정하고 전 세계 사용자들에게 추천하지. 인기 영상은 그렇게 유튜브 페이지 가장 윗부분에 노출되는 거야. 사람들이 쉽게 볼 수 있는 만큼, 계속해서 더욱 많은 사람이 보게 되지.

　또한 유튜브는 뉴스를 빠르게 보도하는 데도 큰 역할을 하고 있어. 스마트폰만 있으면 누구나 쉽게 영상을 촬영할 수 있고, 빠르게 공유할 수 있기 때문이야. 실제로 전 세계 각국의 사건이나 콘텐츠가 기존의 대형 미디어보다 유튜브를 통해 더 빨리 전해지고 있어. 다른 매체에서 미처 다루지 못한 이야기나, 더욱 자세한 이야기가 전해지기도 하지.

유행을 시작하는 사람들, 인플루언서

　우리는 보통 대중에게 영향력을 행사하는 이를 '인플루언서'라고 해. '영향을 주다.'라는 뜻의 영어 단어 'Influence'에 '사람'을 뜻하는 접미사 '-er'을 붙인 합성어야. 인스타그램, 유튜브, 트위터 등에서 수십만 명의 구독자나 팔로워를 보유한 유명인들이 여기에 속한다고 할 수 있지.

　인플루언서의 영향력과 유튜브의 파급력이 더해지면 대중에게 끼치는 영향력이 더욱 빠르고 강력해져. 인플루언서들은 자신의 이런 영향력을 활용해 직접 상품을 만들어서 팔기도 하고, 광고비를 받고 특정 상품을 한정된 기간 동안 판매하기도 한단다.

　인플루언서를 따르는 사람들은 그 사람의 영향력을 믿고 구매를 하지. 하지만 이런 상품들 중 품질이 제대로 검증되지 않아서 기대보다 실망스러운 상품을 받을 때도 있고, 또 환불이나 교환 등이 어려운 경우도 있다고 해. 유명인이 추천했다고 무조건 사기보다는 상품의 품질과 정보를 꼼꼼히 보고 구매해야 한다는 점, 잊어선 안 돼.

 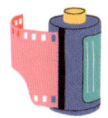    

나를 지키는 소비 습관

유행으로 시작되는 비합리적인 소비

상품을 선택하고 구매하는 일에 익숙하지 않은 어린이는 유행에 더욱 민감할 수밖에 없어. '친구 따라 강남 간다.'라는 말이 있듯 주변 친구들이 사면 따라 사고 싶고, 함께 공유하고 싶은 마음이 들기 마련이거든. 이렇게 유행과 주변 분위기에 휩쓸려 소비하는 것을 '모방 소비'라고 해. 이야기 속 주인공 지아가 유튜버 하니 언니를 따라 스티커 프린터를 산 것처럼 말이야.

우리는 지아처럼 비합리적인 소비를 하는 경우가 종종 있어. 갑자기 꼭 필요하지 않은 물건을 사거나, 기분을 풀기 위해 즉흥적으로 '충동 소비'를 하기도 하지. 또는 예산을 생각하지 않고 무리하게 '과소비'를 하기도 하고, 값비싼 상품을 오직 자랑하기 위해 구매하는 '과시 소비'를 하기도 해. 하지만 잘못된 소비를 계속하면, 언젠가 지갑은 텅 비어 버릴 거야. 정말 필요한 물건을 구매하지 못하는 상황에 놓이게 되지.

모든 소비는 신중해야 해. 돈은 한정되어 있기 때문에 매번 사고 싶은 것들을 모두 살 수 없기 때문이야. 그래서 우리는 무분별하게 돈을 쓰기보단 나에게 가장 필요한 것과 그렇지 않은 것을 구분해야 해. 또 정기적으로 써야 하는 돈과 비정기적으로 써야 하는 돈에 대해 우선순위를 정하고 계획적인 소비를 하는 게 좋아.

➕ 지식플러스

소비로 표현하는 가치관, 그린슈머

사람들은 내가 어떤 상품을 구매하고 사용하는지에 따라, 가치관이나 개성을 표현하기도 해요. 상품의 가치나 디자인을 직접 고민하고 고른 것이기 때문에 정체성과도 연결된다고 생각하는 거지요. 급격한 기후 변화와 환경 문제에 관심을 가지고, 친환경적인 기업의 상품을 구매하는 그린슈머가 대표적인 예랍니다. 자연을 상징하는 '그린(Green)'과 소비자를 뜻하는 '컨슈머(Consumer)'의 합성어예요. 이들이 소비를 결정하는 제일 중요한 요소는 '이 상품이 얼마나 환경친화적인가.'라는 질문이지요. 그린슈머는 화학 성분, 천연 소재, 재활용 가능 여부 등 다양한 자신만의 기준을 정해 상품을 비교해요. 자신의 가치관을 지키고, 올바른 소비를 하기 위해 노력하는 그린슈머는 기업과 환경에 긍정적인 변화를 가져다주고 있어요.

유행이 시작되면 상품의 생산과 수요도 변할까?

하니 언니의 유튜브 영상이 인기 동영상 추천, 인플루언서의 영향력 등으로 파급력을 가지고 퍼져 나가는 것처럼, 상품을 생산하고 소비하는 과정에도 다양한 현상이 있어.

어느 상품의 유행이 시작되면, 많은 사람이 그 상품을 구매하고 싶어 하지. 하지만 시장에 판매되는 상품의 수는 정해져 있고, 구매하고 싶은 사람은 계속 늘어난다면 어떨까?

소비자 입장에서 상품은 없는데, 사고 싶은 사람이 많다면 더욱 희귀한 상품이라는 생각을 하게 되겠지? 이런 과정이 바로 상품의 가치가 올라가고, 가격이 올라가는 배경이야.

이야기 속 스티커 프린터도 마찬가지야. 생산하는 상품의 수는 정해져 있었지만, 유튜버 하니 언니의 동영상을 본 수많은 구독자가 동시에 스티커 프린터를 사고 싶어 했어. 이러한 이유 때문에 사람들이 상품을 구매하기 위해 줄을 서는 진풍경도 생기고, 오히려 중고 상품이 새 상품보다 더 비싼 경우도 생기는 거야.

유행의 또 다른 기능

유행의 착한 영향력

날씨의 영향을 많이 받는 농작물은 기후에 따라 생산량이 늘기도 하고, 줄기도 해. 예를 들어 날씨의 영향을 받아 생산량이 늘어난 농작물은 사람들이 찾는 양보다 많은 양이 시장에 공급되기 때문에 가격이 내려가기 마련이지.

수년 전, 날씨의 영향으로 양파의 생산량이 폭발적으로 늘어난 시기가 있었어. 이로 인해 자연스럽게 가격이 폭락했고 많은 농가의 농민들이 큰 피해를 보고 있었지.

이때 유튜버들이 양파 농가를 돕기 위해 나섰어. 유명 요리 유튜버들이 농민들의 소식을 듣고 양파 요리 영상을 앞다퉈 올리기 시작한 거야. 양파를 활용할

　수 있는 다양한 요리법과 함께 양파 소비를 격려하는 내용이 담긴 영상은 많은 사람에게 공감을 받았어. 그러자 그해 양파의 생산량만큼 소비도 함께 늘어나 농민과 소비자 모두가 행복하게 양파 요리를 즐길 수 있었어.

　이처럼 유튜브의 유행은 과소비나 모방 소비를 낳을 수 있다는 단점도 있지만 다양한 상황에서 소비를 촉진하고 올바른 소비를 유도해 시장 경제에 긍정적인 영향을 미치는 경우도 있어.

교과서 속 경제 키워드

다양한 경제 활동은 미디어 속 유행과 밀접한 관련이 있어요. 상품이나 서비스의 유행으로 인해 생산과 소비 방식이 변하기도 하거든요.

 # 유행 일정 기간 동안 많은 사람이 어떤 물건이나 문화, 사상 등을 따르게 되는 사회적 현상이에요.

 # 생산 인간이 생활하는 데 필요한 각종 물건을 만들어 내는 것을 말해요.

 # 소비 물건이나 서비스를 이용하고, 대가를 지불하는 것을 말해요. 생산 활동의 반대 의미로 생각할 수 있어요.

제4장

유튜브의 간접 광고와 다양한 마케팅 방법

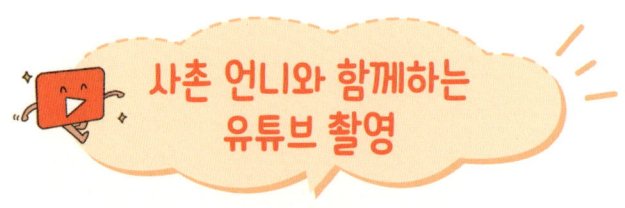

언니 같은 유튜버가 되고 싶어

"언니, 그럼 이따 만나!"

"그래, 조심히 와."

전화를 끊은 달이는 기쁜 마음에 집 안을 이리저리 뛰어다녔어요. 오늘 사촌 언니 하주의 일일 도우미가 되기로 했거든요.

먹방 유튜버인 하주 언니는 '세상의 모든 빵 먹빵'이라는 채널명으로 구독자들에게 맛있는 빵을 소개하고 있어요. 그런 하주 언니는 유튜버를 꿈꾸는 달이가 가장 좋아하고 닮고 싶은 친척이에요. 하지만 하주 언니가 무척 바빠서 자주 보지 못해 아쉬웠지요.

달이는 얼마 전 학교에서 직업 체험 숙제를 받고서는 먹방 유튜버인 하주 언니를 떠올렸어요. 하주 언니는 흔쾌히 직업 체험 숙제를 도와주기로 했고요. 달이는 하주 언니의 유튜브 방송 구경도 실컷 하고, 언니도 열심히 돕고 싶었어요.

언니는 달이가 집에 도착하자, 준비된 빵의 종류와 먹는 순서를 차례대로 이야기해 줬어요.

"오늘은 특별히 생방송을 할 거야. 그러니까 달이는 접시가 비워지면, 여기 준비된 빵들을 차례대로 데워서 책상 위로 전달해 주면 돼."

"응. 여기 있는 빵을 순서대로 담아서 주면 되는 거지?"

"그렇지. 생방송이니까, 방송 중에는 나한테 말 걸면 안 돼. 알았지? 빵만 순서대로 준비해 주면 되는 거니까, 어렵지 않을 거야."

"응, 알겠어. 나만 믿어!"

달이는 여태껏 집에서 하주 언니의 유튜브를 보면서 마음으로 응원해 왔어요. 그런데 눈앞에서 진지하게 촬영 준비를 하는 언니의 모습을 직접 보니 더욱 멋있어 보였지요. 달이는 언니에게 꼭 도움이 되어야겠다고 다짐했어요.

언니가 좋아하는 빵을 찾아서

"빵빵! 세상의 모든 빵! 먹빵! 구독자 여러분, 안녕하세요! 먹빵 유튜버 하주입니다. 오늘은 다양한 과일 빵을 먹어 보는 날이에요. 애플파이부터 건포도 빵, 딸기 케이크까지 맛있는 빵이 잔뜩 준비되어 있어요. 자, 이제 맛있는 과일 빵을 만나러 함께 떠나 볼까요?"

드디어 생방송이 시작됐어요. 능숙하게 방송을 시작한 하주 언니는 과일 빵을 종류별로 맛보며 빵을 설명하기 시작했어요. 빵의 식감과 맛을 재미있게 설명해 주는 언니가 너무 멋져 보였지요.

첫 번째 애플파이 접시가 비워질 무렵, 달이가 메모에 남겨진 순서대로 빵을 담다가 멈칫했어요.

'앗? 왜 다 봉주르 빵집 빵이지? 하주 언니는 집 앞에 있는 오하요 빵집 빵을 제일 좋아하는데! 언니가 깜빡하고 못 사 왔나 보다. 내가 얼른 나가서 빵을 사다 주면 좋아하겠지?'

달이는 건포도 빵을 접시에 담아 방송 책상 위로 조심스럽게 올려 준 후, 조심스럽게 방문을 닫고 나왔어요. 그리고 서둘러 오하요 빵집으로 달려갔어요.

마침 가게에는 언니가 좋아하는 과일 케이크가 여러 조각 전시되어 있었지요.

"딸기 케이크, 청포도 케이크 한 조각씩, 두 조각 포장해 주세요. 빨리요!"

언니가 빵 한 접시를 먹는 데 걸리는 시간은 보통 10분 정도였어요. 달이가 빵을 사서 하주 언니 집까지 한걸음에 달려와 보니, 다행히 언니의 건포도 빵 접시가 비워지고 있었어요.

달이는 헐떡이는 숨을 고르며, 방금 사 온 케이크를 접시에 가지런히 담았어요. 그리고 언니의 접시가 비워지는 시간에 맞춰 조용히 케이크를 건넸어요.

영상 속에 숨겨진 광고

달이는 늦지 않게 빵을 전해 줬다는 생각에 안도의 한숨을 내쉬었어요. 그런데 언니가 책상에 올려진 빵을 보고는 깜짝 놀란 표정으로 달이를 쳐다봤어요. 달이는 언니를 보고 웃으며 찡긋 윙크했어요.

"아, 여, 여러분……, 이번에는 조각 케이크네요."

빵이 바뀌어서 당황한 걸까요? 하주 언니의 목소리가 떨리는 것 같았어요.

하주 언니가 왜 그러는지 알 수 없었던 달이는 조용히 다음 케이크를 접시에 담았어요. 하지만 하주 언니는 얼굴이 빨개진 채로 급하게 방송을 마무리했어요.

깜짝 놀란 달이는 언니를 바라봤고, 울상이 된 언니가 달이에게 말했어요.

"달이야, 왜 마지막 빵을 다른 빵으로 바꾼 거야? 꼭 먹어야 하는 빵을 못 먹어서 방송을 망쳤어."

"아니, 나는 언니가 좋아하는 오하요 빵집 빵이 아니길래, 도와주려고……."

"오늘은 봉주르 빵집 간접 광고 영상이었단 말이야. 화면 아래 '본 영

상은 유료 광고를 포함하고 있습니다.' 문구 못 봤어?"

"광고라고? 광고는 유튜브 영상 중간에 보는 거 아니야?"

"오늘처럼 방송에 어울리는 식품을 먹고 홍보해 주는 걸 간접 광고라고 해. 오늘은 봉주르 빵집과 계약된 방송이었어. 영상에서 경쟁사 빵을 먹었으니, 방송을 다시 해야 할지도 몰라."

"생방송에도 광고가 포함될 수도 있다고?"

"그래. 내 채널과 어울리는 상품을 무료로 제공받거나, 광고비를 받고 자연스럽게 보여 주는 거야."

그때 하주 언니의 핸드폰이 울렸어요. 핸드폰 화면에는 봉주르 빵집 광고 담당자라고 적혀 있었지요. 하주 언니는 한숨을 내쉬더니, 전화를 받고 죄송하다는 말을 반복했어요.

달이는 덩그러니 남은 빵 접시를 바라보며 생각했어요.

'30분 전으로 시간을 되돌릴 수만 있다면 얼마나 좋을까?'

유튜브 방송으로 상품을 소개하는 방법들

영상 속에 광고가 숨겨져 있을 수 있다고?

그동안 달이처럼 영상 속에 광고가 숨어 있으리라곤 생각하지 못한 친구들이 많을 거야. 자세히 보지 않고 지나치면 눈치채지 못할 수도 있어. 하지만 이런 광고가 포함된 영상을 구분하는 방법은 의외로 간단해. 구독하는 유튜브 채널에 들어가서 영상 아래 안내 글이나 제목 부분을 확인해 봐. 영상에 광고를 포함하고 있다면, 광고 안내 문구가 적혀 있을 테니까. 생각보다 구분하기 쉽지? 그런데 이렇게 알쏭달쏭한 광고의 정체는 뭘까?

영상 안에서 자연스럽게 서비스나 상품이 노출되는 광고를 유료 PPL이라고 해. PPL은 Product Placement의 약자로 공간에 놓인 상품, 즉 상품의 간접

광고를 의미해.

   사실 PPL은 유튜브를 통해 새롭게 생긴 광고 방법이 아니라 이전부터 있던 방식이었어. 텔레비전 프로그램이나 영화를 통해 자연스럽게 상품을 노출하는 방식으로 오래 쓰여 온 광고 방법이지. 이러한 방법의 광고가 텔레비전 프로그램과 영화를 넘어 유튜브와 같은 매체에서도 등장한 거야. 기업은 판매하고자 하는 상품과 어울리는 유튜버에게 상품을 협찬해 주거나, 광고비를 주고 영상 속에 자연스럽게 노출해 달라고 요청하고 있어.

➕ 지식플러스

편리함을 파는 유튜브 프리미엄

유튜브는 대부분의 영상 중간에 광고를 볼 수밖에 없도록 설정해 두었어요. 그래서 대부분의 사람은 어쩔 수 없이 영상 시작 전이나 중간에 포함된 광고를 볼 수밖에 없어요. 유튜브는 이 불편함을 이용해 영상을 편리하게 시청할 수 있는 멤버십 제도를 만들었어요. 광고 없이 영상을 보고 싶다면, 매달 비용을 결제하라고 권유하는 거지요. 이 유튜브 프리미엄 멤버십 제도는 영상을 광고 없이 볼 수 있고, 다양한 영상을 다운로드하거나, 음악을 자유롭게 들을 수 있도록 서비스를 제공하고 있어요. 그래서 실제로 이 서비스를 이용하게 되면, 영상 시청을 방해하는 광고가 없어서 이용자가 큰 만족을 느낀다고 해요. 유튜브는 이용자의 불편함을 이용해 또 다른 수익 구조를 만든 거예요. 하지만 이용자는 매달 적지 않은 금액을 지불해야 하기 때문에 내가 지불하는 비용만큼 만족감을 주는지 스스로 고민하고 잘 결정해야 해요.

유튜브에 올라온 사과 영상들, 뒷광고 논란

불과 몇 년 전까지만 해도 유튜브 영상은 텔레비전 프로그램이 아니기 때문에 유료 PPL이 포함되었으리라고는 생각하지 못하는 구독자가 많았어. 이를 굳이 알릴 의무가 없다고 생각하는 유튜버들도 있었지.

많은 유튜버가 광고라는 안내 없이 구독자들의 구매를 유도했고, 한 관계자가 이러한 행태를 폭로하면서 논란으로 이어졌어. 유튜버들은 뒤늦게 사과 영상을 올렸지만 구독자들은 크게 실망했지.

유튜브에서 가장 인기 있는 장르인 '먹방'과 '게임 스트리밍'은 구독자들의 소비로 연결되기가 쉬운 콘텐츠야. 먹방을 보다가 유튜버가 먹는 음식을 따라서 배달해 먹거나, 게임 영상을 보고 따라서 게임을 구매하는 경우가 많으니까 말이야. 구독자들이 속은 기분이 드는 건 당연했겠지?

이후 유튜브는 모호했던 협찬이나 광고를 정확하게 안내하도록 정책을 바꿨어. 광고가 포함된 영상에는 제목에 광고임을 꼭 표기해야 하고, 처음과 끝, 그리고 영상 곳곳에 반복적으로 광고임을 알려야 한다고 해. 또한 유튜브 영상 설정을 통해 '유료 광고 포함'을 의무적으로 적어 둬야 해.

➕ 지식플러스

소비자를 지키는 공정 거래 위원회의 역할

유튜브가 뒷광고 논란 이후, 운영 방식을 바꾸게 된 이유에는 '공정 거래 위원회'의 통제가 있었기 때문이에요. 공정 거래 위원회는 국무총리 소속 정부 기관이지요. 개인과 기업은 자유로운 활동을 통해 열심히 일하고 이익을 얻을 수 있지만, 공정하지 못한 거래를 하면서 사회에 피해를 주기도 해요. 이때 공정 거래 위원회가 나서서 법과 제도를 통해 기업을 조사하고 옳지 못한 거래들을 금지시킬 수 있어요. 기업들이 이유 없이 가격을 담합하여 올리거나, 유튜브 뒷광고와 같이 잘못된 광고로 소비자에게 혼란을 주는 사례를 찾아내고, 이를 법적으로 제재하고 있는 거랍니다.

기업들은 왜 유튜브 채널에 간접 광고를 할까?

　광고가 아닌 듯한 광고, 유튜버들의 사과 영상. 언뜻 듣고 보기에도 유튜브의 유료 PPL은 문제가 많아 보여. 그렇다면 기업들은 왜 이처럼 비밀스럽게 광고를 하려는 걸까?

　구독자들은 유튜버에게 친근함을 갖기 쉬워. 일방적으로 송출되는 텔레비전 방송과는 다르게 유튜브 방송은 생방송을 보며 직접 댓글을 쓸 수도 있고, 유튜버와 소통할 수도 있거든. 그렇기 때문에 구독자는 유튜버들의 영상에 더욱 집중하고, 신뢰감도 가진다고 해.

　그렇다면 기업의 입장은 어떨까? 기업이 텔레비전이나 신문을 통해 광고를 할 때는 어떤 사람이 광고를 봤는지 파악하기가 어려워. 하지만 유튜브는 다양한 주제와 시청 연령대로 세분화된 채널이 많아. 기업은 자신의 상품과 가장 비슷한 주제의 채널을 고르고, 영상의 '조회 수'나 '좋아요' 등의 기능을 통해 광고에 대한 반응을 즉각적으로 확인할 수 있지. 또 상품이 자연스럽게 노출되기 때문에 구독자들이 부담스러워하지도 않고 말이야. 기업으로서는 알리고 싶은 상품이나 서비스가 생겼을 때, 유료 PPL을 이용하고 싶은 건 당연할지도 몰라.

➕ 지식플러스

최초의 PPL, 영화 <이티(E.T.)>

최초의 PPL 광고는 미국에서는 1982년, 우리나라에서는 1984년에 개봉했던 영화 <이티(E.T.)> 속에서 찾아볼 수 있어요. 영화 <이티(E.T.)>는 우리에게도 잘 알려진 유명 감독, 스티븐 스필버그가 감독한 영화로, 평범한 소년 엘리엇과 초능력을 가진 외계인 이티의 가슴 따뜻한 우정을 담고 있지요. 영화에는 주인공 엘리엇이 초코볼을 떨어뜨려 외계인 이티를 방으로 유인하는 장면이 나와요. 이때 주인공이 떨어뜨렸던 초코볼이 바로 허쉬의 'Reese's Pieces'였어요. 전 세계 관객들은 이 영화 속 한 장면을 통해 허쉬의 초코볼을 강렬하게 기억하게 됐어요. 영화는 미국뿐 아니라 세계적으로 크게 흥행했어요. 그리고 흥행에 성공한 만큼 영화 속 초콜릿의 판매도 크게 상승했고요. 무려 영화 개봉 후 전년도 대비 세 배나 더 많이 팔렸다고 하니, 영화 속 PPL의 효과가 얼마나 컸는지 짐작할 수 있겠지요?

상품을 알리는 다양한 방법들, 마케팅

상품을 판매하기 위한 노력과 과정, 마케팅

상품이나 서비스를 판매하는 방법은 다양해. 구매 가능성이 높은 사람들을 설득할 만한 방법을 찾아내는 거지. 우리는 이러한 판매 방법과 과정을 마케팅이라고 말해. 마케팅은 즉 소비자를 만족시키고, 최대의 이익을 창출하는 기업의 경제 활동이야.

다양한 판매 방법이라니, 범위가 너무 넓고 애매하게 느껴질 수도 있을 거야. 예를 들어 볼게. 햄버거 가게에 가면, 아이들을 위한 메뉴를 볼 수 있어. 아이들이 좋아할 만한 장난감이나 선물 세트도 있지. 햄버거 가게의 경우에는 햄버거를 좋아하는 아이들이 판매 대상인 것이고, 대상의 관심을 끌 만한 장난감을

　선물로 제공하면서 햄버거 판매를 극대화하는 거야. 아이들을 위한 마케팅, 즉 키즈 마케팅인 것이지.

　이처럼 기업은 고객의 관심을 끌기 위한 다양한 마케팅 방법을 고민해. 마케팅을 성공시키기 위해 소비자들의 특징을 잘 살핀 후, 상품을 홍보하기 위한 광고나 매장 인테리어 등 판매가 되기 직전까지의 모든 부분을 점검하고, 방법을 찾는 거란다.

상품을 판매하기 위한 다양한 마케팅 활동

'소비자가 왕'이라는 말 들어 봤지? 이 말은 즉, 소비자가 원하는 것들을 공략해야 결국 구매까지 이어진다는 뜻이야. 기업은 상품을 구매할 가능성이 높은 소비자들과 가장 가까운 요소들 속에서 마케팅 방법을 찾아내.

이야기 속 먹방 유튜버 하주 언니처럼 유명인을 활용한 마케팅 방법부터 이야기해 볼까? 빵을 소개하고 싶은 제과 회사에서는 빵과 관련된 유명인인 하주 언니의 유튜브 영상을 활용해서 빵을 소개했어. 이렇게 유명인을 통해 광고하는 방법을 '인플루언서 마케팅'이라고 해. 유명인의 영상이나 게시물을 통해 상품도 노출하고, 유명인에게 상품 후기도 부탁하는 거지.

또 환경에 관심이 많은 소비자에게는 친환경적인 상품임을 홍보하기도 해. 재활용 분리수거가 쉬운 용기를 만들고, 동물 실험을 하지 않는 등 '그린 마케팅'을 하는 거야.

이외에도 상품과 소비자의 특징에 따라 다양한 마케팅 방법이 있어. 특히 우리나라는 사계절이 뚜렷하기 때문에 계절에 따라 새로운 상품도 많이 나오고, 사람들이 필요로 하는 물건도 다양하지. 그 때문에 더욱 다양한 마케팅 방법이 있는 나라 중 하나야.

➕ 지식플러스

유튜브가 프리미엄 서비스를 체험하게 하는 이유

유튜브를 이용하다 보면 '유튜브 프리미엄을 3개월간 무료로 체험해 보세요.'라는 문구를 종종 볼 수 있었을 거예요. 석 달이면 2만 원이 넘는 금액인데, 왜 유튜브는 그 금액을 포기하면서까지 프리미엄을 무료로 체험하게 하는 걸까요? 그 이유는 유튜브에서 유튜브 프리미엄 서비스를 고객들에게 익숙해지도록 하여 신규 고객을 늘리려는 목적을 갖고 있기 때문이에요. 광고가 없는 편리한 서비스에 익숙해진 이용자들은 다시 불편한 시청 방법으로 돌아가고 싶어 하지 않으니까요.

마케팅 때문에
상품 가격이 올라간다고?

상품 가격에 포함되어 있는 마케팅 비용

소비자는 기업들의 다양한 마케팅을 접하고 상품을 구매하지. 그렇다면 판매를 위한 마케팅 비용은 누가 부담하는 걸까? 사실 마케팅 비용은 이미 상품 가격에 포함되어 있어. 한마디로 마케팅 비용을 소비자가 부담하고 있는 것이지.

특히 요즘은 다양한 온라인 채널들이 계속해서 생기고 있기 때문에 많은 기업이 인플루언서 마케팅에 더욱 힘쓰고 있다고 해. 물건을 구매하기 전에 한 번쯤 생각해 보자. 유명인이 사용했다는 이유로 비싼 상품을 구매하는 게 올바른 소비일까? 유명인이 사용하거나 추천했다면 무조건 좋아하는 사람들의 심리가 상품 가격을 더욱 높아지게 하고 있는 건 아닐까?

➕ 지식플러스

메신저 앱의 광고

대부분의 스마트폰 사용자는 메신저 앱을 이용하고 있어요. 다른 사람과 빠르게 연락을 주고받을 수 있어서 일상에서 빼놓을 수 없는 서비스가 됐지요. 메신저는 자신뿐만 아니라 연락을 주고받는 상대방도 가입이 되어 있어야만 사용 가능하다는 특징이 있어요. 따라서 사람들이 메신저에 가입할 때, 최대한 많은 사람이 사용하는 서비스를 고르게 되지요. 이 때문에 사람들은 모두가 알 만한 메신저 서비스 한두 개를 주로 이용하고 있어요. 문제는 최근 들어 메신저 서비스를 개발하는 기업들이 소비자보다 기업 이익에 초점을 맞추고 있다는 점이에요. 한 메신저 서비스는 최근에 친구 목록 가장 위쪽에 배너 광고 자리를 만들었어요. 일렬로 정돈되어 있던 친구 목록에 광고가 들어가 있으니, 광고를 잘못 누르는 경우가 자꾸만 생겨났지요. 첫 번째 회사가 이 광고를 도입한 뒤로, 소비자들은 불편함을 느꼈어요. 하지만 얼마 뒤 두 번째로 다른 메신저 회사도 비슷한 광고를 시작했

어요. 이 문제에 대한 사람들의 의견은 비슷해요. 광고로 인해 사용이 불편해졌지만, 다른 서비스를 찾기도 힘들고, 나 혼자만 사용할 수도 없는 상황이니 불편함을 참을 수밖에 없다는 거예요. 만약 메신저 기업들이 경쟁 업체가 많았다면 이렇게 소비자에게 불편함을 주는 광고를 연달아 시작했을까요? 기업들이 소비자보다 자신의 이익을 우선으로 생각하는 모습이 독과점 시장에 대해 다시금 생각해 보게 하고 있어요.

교과서 속 경제 키워드

기업들은 판매를 위해 다양한 마케팅 방법을 고민하고 있어요. 그중 PPL은 소비자들에게 상품을 자연스럽게 노출하면서 사람들의 모방 심리를 이용하고 있어요.

 # 마케팅 상품과 서비스가 생산자로부터 소비자에게 판매되는 과정에서 일어나는 모든 활동과 방법을 뜻해요.

 # PPL 영화나 드라마 화면에 상품의 로고, 상품 등을 보여주며 무의식적으로 사람들에게 상품이나 브랜드를 기억하게 하는 홍보 방법이에요.

제5장

구독자의 마음을 읽는 유튜브의 맞춤 광고

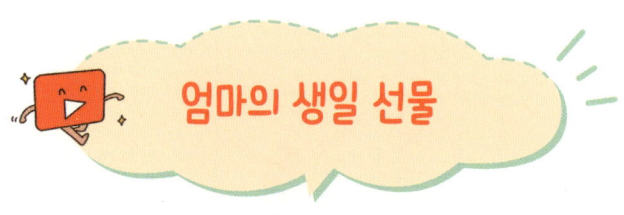

엄마의 생일 선물

어떤 생일 선물이 좋을까?

"아빠, 여쭤볼 게 있어요. 5분 뒤에 제 방에서 봬요."

거실에서 쉬고 있던 아빠에게 하율이가 살금살금 다가와 속삭였어요. 하율이의 귓속말에 깜짝 놀란 아빠는 책을 보는 둥 마는 둥 하다가, 하율이 방에 들어가 물었어요.

"무슨 일이니?"

"아빠, 2주 뒤에 엄마 생신이잖아요. 이번엔 어떤 선물 준비하실 건지 궁금해서요. 전 아무리 생각해 봐도 뭘 사야 할지 잘 모르겠어요. 아빠는 어쩜 그렇게 늘 엄마 마음에 쏙 드는 선물을 고르시는 거예요?"

아빠는 사실 하율이 집에서 '사랑꾼'이라는 달콤한 별명을 가지고 있었어요. 생일이면 생일, 크리스마스면 크리스마스, 잊지 않고 온 가족의 선물을 챙겼지요. 말하지 않아도 원하는 선물을 척척 준비해서 가족 모두가 아빠의 선물을 가장 기다릴 정도였답니다.

하지만 하율이는 매번 선물 고르는 것을 실패할 때가 많았어요. 지난번 엄마 생일 때는 핸드크림을 선물했는데, 엄마가 별로 사용하지 않고 화장대 위에 올려놓기만 하는 걸 보고 아쉬웠거든요. 그래서 이번에는 아빠에게 조언을 구해 보기로 했지요.

"우리 하율이 고민이 많겠구나. 사실 어려운 건 아니야. 가족들이 평소에 하는 이야기를 귀담아듣고, 가족들이 보는 드라마나 영상을 주의 깊게 보는 거야. 거기에서 힌트를 얻고, 좋아할 만한 걸 사는 거란다."

"아하! 이야기를 귀담아들어라! 당연한 건데 생각을 못 했네요. 그럼 앞으로 엄마 생일 때까지 엄마가 하는 이야기를 잘 들어 볼게요."

유튜브는 엄마의 속마음을 알고 있다?

'그래. 엄마의 이야기에 집중해야겠어.'

하율이가 아빠의 조언을 떠올리며 고민하는데, 엄마가 누군가와 전화하는 소리가 들렸어요. 이 기회를 놓치면 안 되겠다고 생각한 하율이는 거실 소파에 앉아 엄마의 이야기에 귀 기울였어요. 자세히 들어 보니 이모와 전화하는 것 같았지요.

"그래. 네가 지난번에 하고 온 목도리 색이 정말 곱더라. 이제 날이 추

워지니 두르고 다니기 딱 좋겠어."

 목도리 이야기로 시작해서, 맛있다고 소문난 빵집 이야기까지. 재밌는 이야기가 많이 오갔어요. 그리고 그 순간 하율이는 엄마에게 어떤 선물을 할지 생각났어요.

 '그래. 엄마에게 목도리를 선물해 드리면 좋겠다!'

 겨울이 되면 이모처럼 목도리가 필요할 테니까요. 하율이는 선물을 검색해 보려고 서재에 들어가 노트북 앞에 앉았어요. 마침 엄마가 보던 유튜브 영상이 멈춰 있었지요.

'엄마가 좋아하는 드라마나 영상도 잘 살펴보라고 했지? 어떤 영상을 보고 계셨는지 잠시 볼까?'

영상을 재생하자 인테리어 관련 영상이 이어지더니, 잠시 후 광고가 재생됐어요. 엄마에게 선물하고 싶었던 목도리와 장갑을 광고하는 영상이었어요.

놀란 하율이는 급하게 노트북을 닫았어요.

'노트북이 이야기를 엿듣고 있던 것처럼 바로 광고가 나왔잖아.'

하율이는 마치 인터넷에게 속마음을 들킨 기분이었어요. 다시 목도리가 나왔던 광고를 보고 싶었지만, 아빠가 퇴근할 때까지 기다리기로 했지요.

인터넷은 모든 비밀을 알고 있다

아빠가 집에 돌아오자, 하율이는 쪼르르 달려가 말했어요.

"우리 집 사랑꾼은 아빠가 아니라 유튜브던데요?"

"그게 무슨 말이야?"

"엄마한테 목도리를 선물하기로 마음먹었는데, 인터넷에 검색해 보기도 전에 유튜브 영상에 목도리 광고가 나왔어요. 엄마한테 뭐가 필요한지, 같이 사는 가족보다도 더 잘 알고 있더라고요."

"아이고. 하율이가 맞춤 광고를 본 모양이구나. 아마 엄마가 목도리를 검색해 봤을 거야."

"맞춤 광고요?"

"그래. 사용자의 개인 정보나 검색했던 기록을 통해 연관된 광고가 나오는 거야. 아마 어린이 대상 영상이나 계정은 유튜브에서 맞춤 광고를 금지했기 때문에 하율이는 처음 접했을 수도 있겠다. 하율이가 인터넷 텔레비전을 볼 때, 장난감 광고가 나오는 거랑 비슷해."

하율이는 인터넷 텔레비전으로 만화를 볼 때, 유독 사고 싶은 장난감 광고가 많이 나온다는 걸 떠올렸어요. 텔레비전뿐만 아니라 인터넷에서도 맞춤 광고가 나오다니 신기했지요. 인터넷은 생각보다 하율이에 대해 많은 정보를 알고 있는 것 같았어요.

"아빠, 그럼 우리 집 선물은 이제 인터넷에 물어보면 되겠네요?"

"하하. 그렇게 생각할 수도 있겠구나. 맞춤 광고는 인터넷에 남겨진 내 정보를 바탕으로 뜨는 거란다. 내 정보가 다른 용도로 활용될 수도 있으니 조심해야 해."

하율이는 인터넷 맞춤 광고가 신기하기도 하고, 속마음을 들킨 것 같아서 괜히 찝찝하기도 했어요.

그나저나 하율이네 집 사랑꾼은 이제 맞춤 광고가 되는 걸까요?

구독자에 따라 달라지는 맞춤 광고

구독자에게 맞춤 광고를 보여 주다

　텔레비전에서 나오는 광고를 보면서 지루했던 기억이 있을 거야. 관심 있는 상품이 아니라면 광고를 집중해서 보기 힘든 게 당연해.

　유튜브는 텔레비전 광고의 이러한 문제점을 해결할 맞춤 광고를 선보였어. 기업의 입장에서 광고를 할 때, 가장 바라는 것은 상품을 살 것 같은 사람에게 광고를 보여 주는 거야. 그래야 사람들이 광고를 보고 상품을 구매할 가능성이 높으니까.

　맞춤 광고는 구독자들의 나이, 성별, 거주 지역, 관심사, 채널의 주제 등에 따라 광고를 노출하는 것을 뜻해.

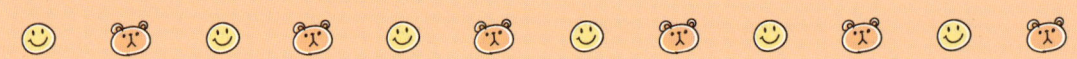

맞춤 광고는 어떤 원리일까?

구글이라고 들어 봤지? 구글을 모르는 사람은 없을 거야. 전 세계적으로 가장 큰 검색 포털 사이트이자, 유튜브를 운영하는 기업이니까. 구글에는 '애드센스(AdSense)'라는 광고 서비스가 있어. 우리가 구글 사이트에서 어떤 단어를 검색하면 다른 사이트나 블로그 등에 관련 상품 광고가 뜨는 거지.

우리의 성별, 나이, 검색 기록을 바탕으로 나에게 맞는 광고를 추천해서 보여 주는 거야. 자신의 관심사와 비슷한 광고가 눈에 띄면, 광고를 클릭해 볼 수도 있고, 광고를 기억했다가 그 물건을 구매할 확률도 높아지니까.

이렇게 맞춤 광고를 가능하게 하는 구글의 애드센스는 유튜브에도 적용되고 있어. 유튜브를 시청하는 사람이 검색하고, 시청한 영상을 바탕으로 그 사람이 어떤 취향을 가지고 있는지 파악하는 거지. 구글은 이렇게 사람들의 정보들을 이용해 구독자들에게 맞는 광고를 찾아서 보여 주고 있단다.

지식플러스

유튜브가 구독자의 개인 정보 이용을 허락받는 방법

유튜브 속 맞춤 광고를 보고는 내가 감시당하고 있다고 생각하는 사람도 있을 거예요. 마치 속마음을 훤히 들여다보는 듯한 광고의 비밀은 구글에 가입할 때 무심결에 동의했던 '데이터 수집'에 있어요. 구글 사이트에서 아이디를 만들 때, 회원 가입을 하다 보면 여러 항목에 동의를 체크해야 해요. 길고 복잡해서, 또는 자세히 읽기엔 시간이 오래 걸릴 것 같아서 대부분 쉽게 동의 버튼을 눌러 버리지요. 하지만 이 상세 내용을 눌러 자세히 읽다 보면, 내가 구글 사이트를 이용했던 기록을 저장한다는 내용, 나에게 맞춤 광고를 보여 줘도 좋다는 내용, 유튜브 시청 기록을 확인하는 것을 허락한다는 내용이 들어 있어요. 크게 고민하지 않고 눌렀던 동의 버튼이 우리의 개인 정보들을 구글의 애드센스 광고에 활용해도 된다고 허락한 거예요.

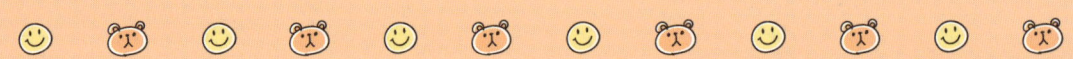 어린이에게는 금지된 맞춤 광고

하율이가 유튜브 맞춤 광고를 보고 깜짝 놀랐던 이유는 하율이가 여태껏 맞춤 광고를 경험하지 못했기 때문이었어. 유튜브는 어린이에게 맞춤 광고를 금지하고 있거든.

유튜브는 어린이, 십 대 청소년에게는 소비와 관련된 콘텐츠보다 교육적이거나 좋은 영향을 줄 수 있는 콘텐츠를 더 높은 비중으로 보여 줘야 한다고 이야기해. 이뿐만 아니라 청소년에게 유해한 영상을 보여 주지 않기 위해 다양한 방법을 적극적으로 고민하고 있단다.

소비자에게
상품을 소개하는 방법, 광고

상품의 정보를 알려 주는 광고

　광고란 상품이나 서비스의 정보를 소비자들에게 알려 주는 수단이야. 앞 장에서 배운 상품 판매를 위한 마케팅 방법 중 하나라고 볼 수 있어.

　기업은 광고를 통해 소비자에게 구매를 유도해. 소비자는 광고를 통해 구매하는 상품의 가격이나 성능 등의 정보를 알 수 있지.

　하지만 상품 품질을 과장하거나, 객관적으로 인정할 수 없는 주장을 펼치는 허위 광고도 있을 수 있어. 그러니까 광고 속의 정보를 꼼꼼하게 확인하고 비교하는 자세도 필요하단다.

구매 목적에 따른 광고의 종류

광고는 목적에 따라 크게 두 가지 유형으로 나눌 수 있어. 상품에 대한 정보를 전달하고, 구매를 설득하는 '상업 광고'와 반대로 사회적 공익을 위한 '공익 광고'가 있지.

공익 광고는 사람들이 올바른 가치관을 갖게 하고, 함께 사회적 문제를 해결하는 것에 가장 큰 목적이 있지. 예를 들면 시민들이 노약자를 배려하고, 어려운 이웃을 돕도록 장려하는 광고를 떠올려 볼 수 있어.

광고를 전달하는 수단, 광고 매체

우리는 아침에 일어나 잠들기 직전까지 수많은 광고를 접해. 유튜브나 텔레비전 속의 광고부터 도심 속 큰 전광판에 게시된 옥외 광고, 버스나 지하철에 붙은 배너 광고, 신문과 현수막을 이용하는 인쇄 광고까지 종류도 다양하지. 이렇게 다양한 광고를 전달하는 장소나 수단을 광고 매체라고 불러.

기업은 광고 매체에 따라 광고를 만드는 방식과 내용을 달리하고, 광고 매체 특징에 맞는 광고를 만들기 위해 고민해. 위에서 설명한 광고 매체들 외에도 많은 사람이 사용하는 수단이나 장소가 있다면 어디든 광고 매체가 될 수 있단다.

기술과 함께 진화하는 광고 기법

맞춤 광고는 기업이 상품을 구매할 가능성이 높은 소비자에게 광고하기 위해 개발된 기술이지. 요즘은 판매 가능성을 높이기 위해 새로운 과학 기술이 더해진 광고도 등장하고 있어. AI 인공 지능 기술을 이용하면, 소비자에게 최적화된 광고 키워드를 자동으로 제안할 수 있다고 해.

이 외에도 가상 현실 앱을 사용하면, 가상의 공간과 사람의 정보를 인식해 자동으로 광고를 보여 주거나 상품을 간접적으로 체험할 수도 있어. 점점 더 기술과 광고가 우리 곁에 성큼 다가오고 있는 거지. 기업은 소비자의 마음을 사로잡기 위해 새로운 기술 도입을 계속 시도하고 있어.

인터넷에서 활용되는 개인 정보에 대한 고민

맞춤 광고에 대한 다른 시각

맞춤 광고에 대한 소비자들의 의견은 정반대로 나뉘고 있어. 필요한 물건이 있었는데 그 물건의 광고가 자동으로 뜨니, 시간도 아끼고 편리하다는 의견도 있어. 하지만 반면에 한 번 검색한 키워드로 인해 인터넷을 켤 때마다 비슷한 광고가 반복되어 노출되니 불편하고, 감시받는 기분이 든다는 의견도 있지. 내가 검색한 기록이 나중에 어떻게 활용될지 모르니까 말이야.

실제로 어느 사이트에서는 이용자들의 개인 정보와 검색 기록이 통째로 유출되어 피해가 발생했던 사례도 있어. 과연 내 개인 정보가 이렇게 인터넷에 저장되고 활용되어도 괜찮은 건지 생각해 보자.

교과서 속 경제 키워드

상품을 판매하기 위한 광고에는 여러 매체가 활용되어요.

광고 상품, 서비스의 판매나 기업 홍보, 공공의 이익을 목적으로 시각적, 청각적인 광고 매체를 통해 소비자에게 전달하는 것을 뜻해요.

허위 광고 상품이나 서비스에 대한 정보를 거짓으로 소비자에게 광고하는 것을 말해요.

과대 광고 상품이나 서비스의 품질을 사실보다 과장하여 광고하는 것을 뜻해요.

매체 사람들의 생각이나, 정보, 광고 등을 전달하는 수단이나 방식을 말해요. 사람들은 주로 텔레비전이나 신문과 같이 동시에 여러 사람에게 정보를 전달하는 매체를 통해 정보를 얻어요.

제6장

유튜브의 수익과 세금

인기 유튜버의 사과

유튜버와의 게임 한판

"아빠, 용돈 좀 주시면 안 돼요? 오후에 친구들이랑 놀기로 했어요."

지난주에 받은 용돈을 다 써 버린 수아가 아빠에게 말했어요.

아빠는 난감한 표정을 지으며 답했어요.

"아무래도 힘들 것 같네. 이번 달은 돈이 많이 나가는 달이야. 사야 할 것도 많고, 세금도 내야 하거든."

"세금이요? 그거 꼭 내야 하는 거예요? 세금은 다음에 내시고 용돈 주시면 안 돼요?"

"세금을 내는 건 미룰 수 있는 게 아니란다. 엄마, 아빠가 내는 세금이 나라 살림에 보탬이 되는 건데 미루면 되겠니?"

평소 원하는 건 뭐든 들어주는 아빠였지만, 오늘만은 단호했어요. 용돈 이야기를 꺼냈다가 세금과 나라 살림 이야기까지 듣게 되다니 기운이 쭉 빠졌지요. 입이 샐쭉해진 수아는 아쉬운 표정으로 돌아섰어요.

용돈이 없어서 친구들과 나가 놀 수 없게 된 수아는 소파에 털썩 앉았어요.

'심심하다. 게임 방송이나 봐야겠어.'

수아가 자세를 고쳐 앉고, 유튜브를 켰어요.

그리고 언제나 수아의 심심하다는 말을 쏙 들어가게 해 주는 게임 유튜버 풋사과의 영상을 재생했어요. 풋사과의 게임 영상은 마치 수아가 친구들과 직접 게임을 하는 것처럼 생생했지요.

한참 방송을 보고 있는데, 풋사과가 말했어요.

"참, 게임 투게더 이벤트 당첨자는 메일을 드렸어요. 안내를 읽어 보시고 참여 가능한지 답장 보내 주세요."

한 달에 한 번 풋사과와 온라인 단체 게임을 같이하고, 영상에도 출연할 수 있는 이벤트 이야기였어요. 게임을 함께하고 싶은 사연을 메일로 보내면, 당첨자들에게 답장 메일을 보내 주는 방식이었지요.

풋사과의 이야기를 들은 수아는 문득 자신이 보냈던 신청 메일이 떠올랐어요.

'이번 달에는 꼭 됐으면 좋겠다!'

메일함을 확인한 수아는 눈이 휘둥그레졌어요. 바로 '이벤트 당첨 안내'라는 제목의 메일이 도착해 있었거든요.

"와! 이게 꿈인가? 풋사과 님과 게임 한판이라니!"

매번 떨어지던 이벤트에 드디어 당첨되다니, 수아는 너무 기뻐서 소리를 질렀어요. 신나는 마음으로 얼른 메일을 읽어 나갔지요.

풋사과의 다정한 인사말과 함께 다른 당첨자들과 게임 날짜를 정하자는 내용이었어요. 우리나라에서 힐링 워치 게임을 가장 잘한다고 알려진 풋사과와 게임을 한다고 생각하니 꿈만 같았어요. 수아는 곧바로 게임이 가능한 날짜를 적어 답장을 보냈어요.

연락 두절 풋사과

수아는 뭔가 이상하다고 생각했어요. 며칠째 풋사과의 영상이 올라오지 않고 있었거든요. 처음엔 사정이 있나 보다 생각했어요. 일주일이 지나자, 풋사과의 안부를 묻는 구독자들의 댓글이 달리기 시작했지요. 그렇지만 영상은 물론 커뮤니티에도 아무런 공지가 없었어요.

수아는 답답한 마음에 친구 미정이에게 말했어요.

"미정아, 왜 풋사과 님한테 답장이 안 올까? 게임 날짜 정해지면 알려

준다고 했는데. 요즘 영상도 안 올라오던데…….”

"뉴스에서 보니까 유튜버 중에 세금을 안 내서 조사받고 있는 사람들이 많다던데, 혹시?"

"세금을 안 내? 풋사과 님은 아닐 거야…….”

수아는 포털 사이트에서 유튜버들의 세금 문제와 관련된 뉴스들을 찾아봤어요. 팬스레 걱정이 커지는 건 어쩔 수 없었어요.

수아는 고민 끝에 풋사과에게 다시 메일을 보냈어요.

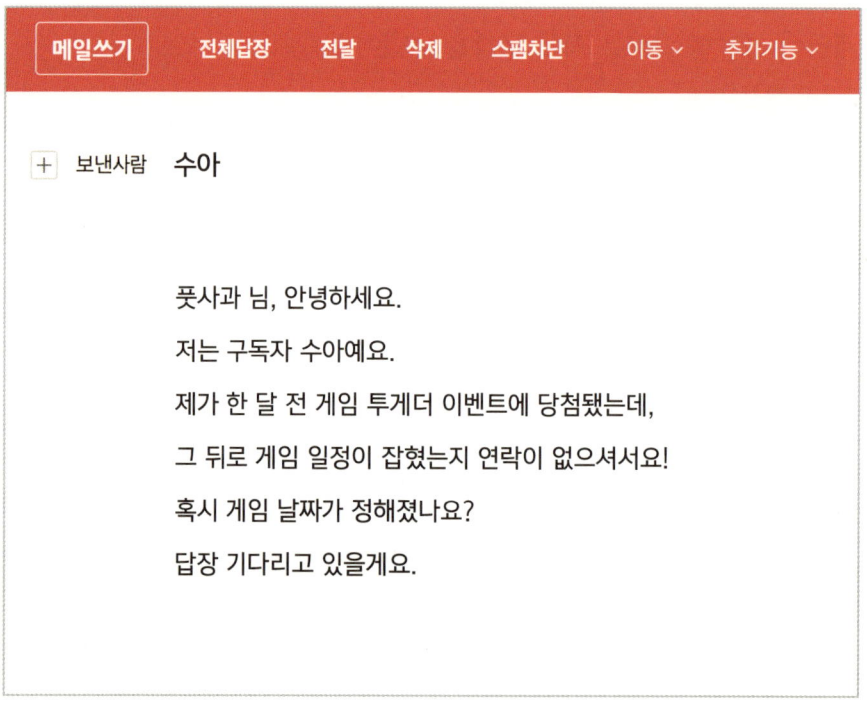

그리고 수시로 메일 수신을 확인해 보았지요.

'오늘도 메일을 안 읽으셨네.'

며칠이 지났지만, 풋사과는 답장도 보내지 않았고, 메일을 읽지도 않았어요.

그러던 어느 날 미정이가 풋사과의 새로운 영상이 올라왔다고 메시지를 보냈어요. 수아는 얼른 풋사과 채널을 확인했지요.

풋사과의 채널에는 새 영상이 올라와 있었어요. 썸네일을 보니 검은 배경에 '죄송합니다.'라고 적혀 있었어요. 좋은 일이 아니라는 건 언뜻 보아도 짐작할 수 있었어요. 수아는 잠시 머뭇거리다가 영상의 재생 버튼을 눌렀어요.

"안녕하세요. 풋사과입니다. 죄송하지만, 저는 세금 관련된 문제로 현재 조사를 받고 있습니다. 세금 납부는 기본적으로 지켜야 할 의무지만, 이 부분에 대한 이해가 부족해 세금 납부를 제대로 하지 못했습니다. 저는 현재 이 문제를 해결하기 위해 노력 중입니다. 이벤트 진행과 영상 업로드는 당분간 없을 예정입니다. 구독자 여러분께 실망을 드린 점 정말 죄송합니다."

영상 속 풋사과는 평소와는 달리 무척 어두운 표정으로 말을 이어 나갔어요. 미정이 말처럼 세금 문제로 조사를 받고 있던 게 사실이었지요.

수아는 풋사과를 믿고 기다렸던 시간이 아깝게 느껴졌어요. 그리고 세금은 나라 살림에 보탬이 되는 돈이라고 말하며, 세금을 내기 위해 알뜰하게 생활하는 아빠의 모습도 떠올랐어요.

수아는 긴 한숨을 내쉬며 풋사과 채널의 구독 취소 버튼을 눌렀어요.

수익이 생긴 유튜버는 세금을 내야 해

유튜버들의 세금 논란

유튜브가 한국 시장에서 처음 서비스를 시작할 무렵, 사람들은 유튜브가 국내 유튜버들에게 지급하는 돈의 정확한 액수를 알 수 없었어. 또 유튜버들이 세금을 내야 한다는 제대로 된 법도 없었지. 외국 회사에서 받은 돈이기 때문에 세금을 내야 한다는 생각을 미처 못 했던 거야.

하지만 유튜브 사용자가 급격하게 늘어나면서 유튜버라는 직업으로 꾸준히 돈을 버는 사람들이 많아졌어. 이후 유튜버도 다른 직업을 가진 사람들처럼 세금을 내야 한다는 의견이 많아졌지. 사실 당연한 것이었는데 말이야.

유튜버, 새로운 조세법을 만들다

유튜버들의 세금과 관련된 논란이 생기자, 정부는 '미디어 콘텐츠 창작법'을 만들었어. 지속적으로 영상 콘텐츠를 만들고 이로부터 수익을 얻는 경우, 매년 5월에 수익을 신고해야 한다는 법이야. 유튜버 때문에 새로운 세금법이 생기다니 정말 놀랍지? 새로운 직업이 생기면서 새로운 세금법도 생긴 거야.

➕ 지식플러스

자리 잡지 못한 유튜버들의 세금 신고 방법

정부가 유튜버의 세금과 관련된 과세 법안을 마련했지만, 이에 대한 올바른 인식이 아직 완전히 자리 잡은 건 아니에요. 어떤 유튜버는 여전히 잘못된 방법으로 수익을 줄여서 신고하기도 하고, 아예 수익을 신고하지 않는 경우도 있거든요. 게다가 최근 유튜브 본사가 있는 미국에서는 미국인들이 시청한 영상의 경우, 미국에서 세금을 걷겠다고 공지하기도 했어요. 세금 일부는 한국에, 일부는 미국에 내야 한다니, 생각만 해도 골치 아프지요? 유튜버의 세금 문제는 지금까지도 정부와 기업 모두 생소한 문제이기 때문에, 아직도 문제를 해결해 나가는 중이에요.

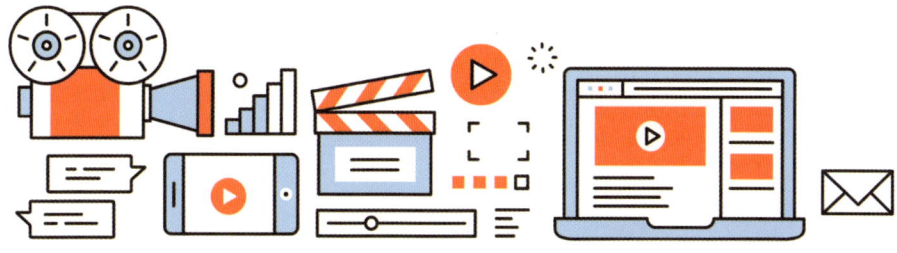

나라 살림을 위한 세금 납부

국민의 의무, 세금 납부

정부가 나라를 관리하고, 국민이 잘살 수 있도록 돕고, 나라 살림을 운영하기 위해서는 많은 돈이 필요해. 그래서 법에 따라 국민으로부터 일정한 돈을 걷는데 그걸 세금이라고 하지.

세금의 '세(稅)'란 글자는 조선 시대부터 사용된 세금이란 뜻의 한자야. '벼 화(禾)'와 '기쁠 태(兌)'란 두 한자가 합쳐져 있지. 농경 사회였던 과거에는 세금을 곡식으로 냈기 때문에, 벼 화(禾)가 들어간 한자가 만들어졌다고 해. 화폐가 생기기도 전에 세금의 역사가 시작되었다니, 놀랍지?

세금은 어디에 쓰일까?

'헌법 제38조, 모든 국민은 법률이 정하는 바에 의하여 납세의 의무를 진다.'

현재 우리나라 헌법에는 세금 납부가 국민이 꼭 지켜야 할 6대 의무 중 하나로 정해져 있어. 세금 납부는 나라를 유지하는 데 꼭 필요한 의무야.

그렇다면 세금은 어디에 쓰이고 있기에 법으로 정해진 의무인 걸까?

우리가 용돈을 받으면 어떻게 쓸지 계획을 세우잖아. 국가도 마찬가지야. 해마다 정부에서는 국가적으로 필요한 곳에 돈을 쓰기 위해 계획을 세워.

예를 들면, 국민을 교육하기 위한 교육 예산, 나라를 지키기 위한 국방 예산, 소외된 이웃을 위한 복지 예산 등이 있어.

이 외에도 휴식을 취하는 공원과 문화 공연 시설, 체육 시설 등을 마련해 일상 곳곳에서 국민들의 삶을 편안하게 해 주지.

이처럼 세금은 모두가 사용할 수 있는 공간과 서비스들을 위해 다양한 곳에서 쓰이고 있어. 간혹 세금을 내는 게 아깝다고 생각하는 사람도 있지만, 세금의 쓰임새를 생각하면 세금은 우리 모두를 위해 꼭 필요한 제도란다.

➕ 지식플러스

우리나라의 세금을 모으고 감독하는 정부 기관, 국세청

국민들이 내는 세금을 모두 합치면 천문학적인 금액이 되어요. 세금을 내야 하는 사람도 무척 많고요. 그렇다면, 세금을 모으고 처리하는 곳이 필요하겠지요? 우리나라에는 국세청, 관세청, 지방 자치 단체의 세무 부서와 같이 세금을 관리하는 곳이 있는데, 그중 대표적인 정부 기관이 국세청이에요. 나라에서 정한 국세를 국민과 기업에 안내하고 관련된 업무를 하는 기관으로, 기획 재정부 소속이랍니다. 국세청은 크게 두 가지의 업무를 하고 있어요. 첫 번째로는 국민이 납세의 의무를 지킬 수 있도록 안내하고 도와줘요. 두 번째로는 납세의 의무에 따라 세금을 제대로 내지 않는 사람들을 찾아내요. 최근 들어 악의적으로 세금을 내지 않는 유튜버와 같은 1인 미디어 창작자들을 더욱 엄중하게 단속하겠다고 발표하기도 했지요. 이야기 속 유튜버 풋사과의 세금 미납을 찾아내고, 조사한 것도 모두 국세청이었어요.

소득과 소비가 있는 곳엔 모두 세금이 있다

세금은 직접세와 간접세로 나눌 수 있어. 먼저 개인이 얻은 소득의 일정 부분을 세금으로 납부하는 것을 직접세, 또는 소득세라고도 말해. 보통 소득이 큰 사람은 세금을 많이 내고, 소득이 적은 사람은 세금을 적게 내지. 세금은 모두에게 공평해야 한다는 원칙이 있기 때문이야. 만약 세금을 모두 같은 금액으로 내야 한다면 돈을 적게 버는 사람에게는 큰 부담이 될 거야. 나라에서는 이러한 문제가 생기지 않도록 '소득이 있는 곳에 세금이 있다.'라는 원칙을 철저히 적용하려 하고 있어.

다음으로 살펴볼 세금은 간접세야. 간접세는 물건값에 포함되어 있는데, 바로 '부가가치세'를 말해. 말 그대로 상품 가격 안에 간접적인 세금이 포함되어 있는 경우지. 우리가 구매하는 운동화, 장난감 등 물건에는 10퍼센트의 부가가치세가 포함되어 있어. 우리는 이미 상품을 구매하면서 부가가치세를 내는 셈이지. 하지만 여기에도 예외는 있어. 일상에서 꼭 필요한 생필품이나 서비스에는 부가가치세를 부과하지 않아. 책이나 병원 진료, 교육처럼 모두가 공평하게 사용해야 하는 곳에도 부가가치세를 부과하지 않는단다.

글로벌 시대, 국경을 넘나드는 디지털세

다른 나라에서 수익을 냈다면 세금을 내야 해

유튜브나 페이스북과 같은 인터넷 서비스는 국내에서도 이용하고 있지만, 해외에 본사가 있는 외국계 기업이야. 이런 기업들은 세금을 어떻게 내고 있을까?

사실 그동안 외국계 기업의 세금 납부는 기업의 본사나 지사가 있는 국가를 기준으로 이루어졌어. 수익은 전 세계에서 얻고 있지만, 세금은 본사나 지사가 있는 특정 국가에만 납부하고 있었던 거지. 하지만 글로벌 기업이 더 많이 늘어나면서 수익을 얻는 다른 국가에도 제대로 된 세금을 내야 한다는 목소리가 나오기 시작했어.

경제 협력 개발 기구(OECD) 주요 20개국(G20) 등 137개국이 참여하는 IF(포괄적 이행 체계)에서는 글로벌 기업의 세금 문제 해결을 위한 회의를 계속해 왔어. 그 결과 최근 '디지털세' 규정이 통과됐다고 해. 디지털세의 주요 내용은 다국적기업은 기업의 본사나 지사가 있는 나라뿐 아니라, 기업의 활동으로 인해 수익을 얻은 다른 나라에도 세금을 나눠 내야 한다는 거야. IT 대기업을 거느리고 있는 미국을 제외한 대부분의 국가는 디지털세의 필요성에 대해 공감하고 있어.

교과서 속 경제 키워드

세금은 국민을 위해 다양한 공공시설을 만들고 관리하는 데 쓰여요. 또 그 밖에 국민들을 위한 복지 혜택에도 쓰이지요. 우리가 낸 돈으로 만들어진 시설과 서비스이기 때문에 더욱 아끼고 소중한 마음으로 사용해야 해요.

 # 세금 국가를 유지하고 발전시키기 위해 국민 소득의 일부를 국가에 납부하도록 하는 것을 말해요.

 # 직접세 소득을 기준으로 하여 내는 세금이에요. 소득에 따라 세금이 다르게 결정되어요.

 # 부가가치세 물건이나 서비스에 부과하는 세금을 말해요.

 # 공공시설 국가에서 국민의 편의나 복지를 위해 제공하는 시설을 뜻해요. 국민 누구나 이용할 수 있는 학교, 공원, 도서관, 주민 체육 시설 등이 있어요.